DISCARD

Chicago Public Library

REFERENCE

Form 178 rev. 11-00

Chicago Public Library
Toman Branch
2708 S Pulaski
Chicago, Il 60623

WILLIAMS-SONOMA

NUEVA YORK

RECETAS AUTÉNTICAS EN HOMENAJE A LA COCINA DEL MUNDO

Recetas y texto
CAROLYNN CARREÑO

Fotografías
QUENTIN BACON

Editor General
CHUCK WILLIAMS

Traducción
**LAURA CORDERA L
CONCEPCIÓN O. DE JOURDAIN**

INTRODUCCIÓN

9   Historia Culinaria

11   Cocina Contemporánea

13   Cenando Fuera

17   Mercados

21   Sabores de la Ciudad de Nueva York

30   Mapa de la Ciudad de Nueva York

LO MEJOR DE NUEVA YORK

34   **PANADERÍAS Y TIENDAS DE BAGELS**

40   **TIENDAS DE ESPECIALIDADES**

44   **PUESTOS DE LA CALLE**

48   **PIZZA**

52   **BARES Y COCTELES**

56   **PIONEROS DE LA MODA**

60   **QUESO ARTESANAL**

REFERENCIAS

185   Glosario

187   Fuentes de Ingredientes

188   Índice

191   Reconocimientos y Locaciones Fotográficas

CONTENIDO

RECETAS

APPETIZERS AND SMALL PLATES

- 69 **HEIRLOOM TOMATO TARTS WITH GOAT CHEESE**
Tartas de Jitomate Heirloom con Queso de Cabra
- 70 **SPINACH AND FETA ROLLS**
Rollos de Espinaca y Queso Feta
- 73 **SAUTÉED FOIE GRAS WITH CARAMELIZED ONIONS AND GRAPES**
Foie Gras Salteado con Cebollas Caramelizadas y Uvas
- 74 **CLAMS CASINO**
Almejas Casino
- 77 **SPICY SESAME NOODLES**
Fideos Sazonados al Ajonjolí
- 78 **BAY SCALLOPS WITH PANCETTA, RADICCHIO, AND PESTO**
Callo de Hacha con Pancetta, Achicoria y Pesto
- 81 **GRAVLAX WITH MUSTARD-DILL SAUCE**
Gravlax con Salsa de Eneldo a la Mostaza
- 82 **SHRIMP WITH CITRUS AIOLI AND RADICCHIO AND ENDIVE SLAW**
Camarones con Alioli de Cítricos y Ensalada de Achicoria y Endibias
- 85 **BUFFALO WINGS**
Alitas Búfalo
- 86 **POLENTA CROSTINI WITH CHANTERELLES**
Crostini de Polenta con Hongos Chanterelles

SOUPS AND SALADS

- 93 **MANHATTAN CLAM CHOWDER**
Crema de Almejas Estilo Manhattan
- 94 **LOBSTER AND AVOCADO SALAD**
Ensalada de Langosta y Aguacate
- 97 **MIXED GREEN SALAD WITH BEETS, GREEN BEANS, AND GOAT CHEESE**
Ensalada Verde con Betabel, Ejotes y Queso de Cabra
- 98 **CUBAN BLACK BEAN SOUP**
Sopa Cubana de Frijol Negro
- 101 **TRUFFLED WALDORF SALAD**
Ensalada de Trufas Estilo Waldorf
- 102 **BEEF, BEET, AND CABBAGE BORSCHT**
Borscht de Col, Betabel y Res
- 105 **ICEBERG WEDGES WITH BLUE CHEESE DRESSING**
Trozos de Lechuga Romana con Aderezo de Queso Azul
- 106 **CHICKEN MATZO BALL SOUP**
Sopa de Albóndigas de Matzo de Pollo
- 109 **BUTTERNUT SQUASH AND APPLE SOUP WITH FRIED SAGE**
Sopa de Calabaza Butternut y Manzana con Salvia Frita

MAIN COURSES

- 115 **NEW YORK STEAK WITH BEER-BATTERED ONION RINGS**
Filete New York con Aros de Cebolla Rebozados con Cerveza
- 116 **LONG ISLAND DUCK WITH ORANGE SAUCE**
Pato Long Island con Salsa de Naranja
- 119 **PORK BRAISED IN RIESLING WITH APPLE-QUINCE COMPOTE**
Puerco Braseado en Riesling con Compota de Manzana y Membrillo
- 120 **VEAL MILANESE**
Milanesa de Ternera
- 123 **BEEF BRISKET WITH SWEET POTATOES AND PRUNES**
Pecho de Res con Camote y Ciruelas Pasas
- 124 **RISOTTO WITH PEAS, MOREL MUSHROOMS, AND RAMPS**
Risotto con Chícharos, Hongos Morilla y Escalonias
- 127 **SAUTÉED CALF'S LIVER WITH MUSTARD-SHALLOT SAUCE**
Hígado Salteado al Chalote con Salsa de Mostaza
- 128 **BUTTERFLIED CHICKEN WITH JERUSALEM ARTICHOKE AND CELERY ROOT PURÉE**
Pollo Mariposa con Puré de Alcachofa Jerusalén y Raíz de Apio
- 131 **HERB-CRUSTED RACK OF LAMB WITH SHELL BEAN RAGOUT**
Espaldilla de Cordero a las Hierbas con Ragú de Frijoles
- 132 **SOFT-SHELLED CRABS WITH ROMESCO SAUCE**
Cangrejo de Concha Suave con Salsa Romesco
- 135 **SKATE WITH MUSTARD BUTTER**
Raya con Mantequilla de Mostaza
- 136 **BAKED ZITI WITH SAUSAGE, EGGPLANT, AND PEAS**
Ziti Horneado con Salchicha, Berenjena y Chícharos
- 139 **BURGERS WITH ONION JAM**
Hamburguesas con Jalea de Cebolla
- 140 **MISO-MARINATED BLACK COD**
Bacalao Marinado en Miso

SIDE DISHES

- 147 **POTATO, FENNEL, AND THREE-CHEESE GRATIN**
Papas e Hinojo Gratinados a los Tres Quesos
- 148 **CREAMED SWISS CHARD**
Acelgas a la Crema
- 151 **MAPLE-CARAMELIZED ROOT VEGETABLES**
Vegetales Caramelizados al Maple
- 152 **ZUCCHINI WITH TOASTED ALMONDS AND PECORINO ROMANO**
Calabacitas con Almendras Tostadas y Queso Pecorino Romano
- 155 **BROCCOLI RABE WITH ROASTED GARLIC**
Brócoli Rabé con Ajo Asado
- 156 **BRUSSELS SPROUTS WITH BACON VINAIGRETTE**
Colecitas de Bruselas con Vinagreta de Tocino
- 159 **LONG ISLAND SUCCOTASH SALAD**
Ensalada Succotash al Estilo Long Island
- 160 **ROASTED CAULIFLOWER, SICILIAN STYLE**
Coliflor Asada al Estilo Sicilia

DESSERTS

- 167 **NEW YORK CHEESECAKE**
Pastel de Queso al Estilo Nueva York
- 168 **HONEY-POACHED QUINCES WITH FRESH RICOTTA AND PISTACHIOS**
Membrillos al Vapor con Miel, Queso Ricotta y Pistaches
- 171 **STRAWBERRY-RHUBARB CRISP WITH BUTTERMILK ICE CREAM**
Crujiente de Fresas y Ruibarbo con Helado de Buttermilk
- 172 **BLUEBERRY SORBET AND ICE CREAM WITH BROWN SUGAR COOKIES**
Nieve y Helado de Moras Azules con Galletas de Azúcar Morena
- 175 **BANANA-WALNUT BREAD PUDDING**
Budín de Plátano y Nuez
- 176 **PROFITEROLES WITH MALTED ICE CREAM AND BITTERSWEET CHOCOLATE SAUCE**
Profiteroles con Helado de Malta y Salsa de Chocolate Semiamargo
- 179 **DEVIL'S FOOD CUPCAKES WITH VANILLA BUTTERCREAM**
Mantecadas con Crema de Mantequilla a la Vainilla
- 180 **RUSTIC APPLE TART**
Tarta Rústica de Manzana
- 183 **SWEET POTATO PIE WITH MAPLE WHIPPED CREAM**
Pay de Camote con Crema Batida de Maple

INTRODUCCIÓN

Desde el primer hot dog que se vendió en la calle hasta el pato trinchado junto a su mesa en el Four Seasons, la cocina de Nueva York siempre ha reflejado el espíritu emprendedor con el que se fundó la ciudad. El escenario de los alimentos continúa representando esta creatividad culinaria junto con una actitud que acoge las influencias de la globalización.

HISTORIA CULINARIA

El prestigio de la ciudad de Nueva York como un centro global de finanzas, arte, arquitectura, teatro, medios de comunicación y cocina está tan bien establecido que rara vez alguien se detiene a pensar cómo llegó a ser así. Cuando Nueva York se fundó era un lugar en el que se estimulaba el libre pensamiento y esto frecuentemente se recompensaba económicamente. Así, desde los primeros colonos holandeses, la ciudad fue formada por emprendedores arriesgados y por una población dispuesta a considerar las cualidades de cualquier cosa nueva y aún no probada. Esta sensibilidad fomentó una cultura y una cocina que era una amalgama de la tradición del viejo continente y la innovación del nuevo mundo y con el paso del tiempo se ha ido moldeando con el continuo flujo de inmigrantes de todo el mundo.

La extraordinaria importancia de la ciudad se pone en perspectiva cuando se considera que los holandeses compraron Manhattan, una isla densamente boscosa hasta la orilla del mar, a los nativos americanos hace menos de cuatrocientos años. Los abundantes recursos naturales del área, sus bosques repletos de venados, jabalíes y pavos; sus ríos rebosando de salmón, sábalo y robalo atrajeron a agricultores y mercaderes de Europa dispuestos a trabajar duro. Debido a la ubicación de la ciudad en la boca del río Hudson, la Nueva Ámsterdam como se llamó el primer asentamiento, rápidamente se convirtió en el centro neurálgico. Para mediados de los años 1600 ya operaban dos mercados y para el final de los 1700 ya existía un maravilloso sistema de mercados públicos. La ciudad era un centro global de intercambio ya que el puerto facilitaba la importación y exportación de bienes. Por un período corto después de la guerra revolucionaria, Nueva York también fungió como la capital de la nación.

Nueva York no tenía una cocina indígena ya que era un asentamiento habitado por inmigrantes. Los emprendedores dueños de los mesones abrían tabernas siguiendo las costumbres de los ingleses y los alemanes, manejaban bares de cerveza y vino. La comida se servía de un menú establecido que consistía en carnes cocidas y verduras así como ostiones en su concha, fritos o guisados. Los mariscos eran tan abundantes en el puerto de Nueva York que el principal trabajo en Staten Island era recoger ostiones, hasta que en 1810 se agotaron las existencias.

La mayor parte del escenario culinario que se asocia con Nueva York empezó a desarrollarse con las olas de inmigrantes que llegaron a mediados de los años 1800. Muchas personas escapaban de la persecución religiosa o de la pobreza y algunas veces pueblos enteros llegaron juntos, creando enclaves dentro de la ciudad en donde su cultura permanecía intacta. Los chinos, que empezaron a llegar en los años 1850, ofrecían su comida regional en pequeños restaurantes económicos. Los irlandeses, escapando de la hambruna por la escasez de papas alrededor de la misma época, contribuyeron con tabernas en las que los clientes podían beber cerveza hecha en casa. Estos inmigrantes crearon muchos alimentos que continúan identificándose con Nueva York. Los judíos inventaron el pastrami y corned beef como una manera de preservar la carne. Los abarroteros italianos hacían pizzas como una opción y uso eficaz para su masa de pan y sus hornos de ladrillo y carbón. Mientras tanto, se estaba desarrollando otro aspecto de la sociedad de Nueva York. Los últimos años del 1800 fueron años de auge, en los que el acero, petróleo y las industrias navieras produjeron los primeros millonarios de América. Éste fue el inicio de la clase media-alta y una época conocida por su consumo ostentoso. En el centro culinario estaba el

Delmonico's fundado por dos hermanos suizos en 1827. El Delmonico's fue el primer restaurante especializado (no estaba junto a un hostal) en donde los comensales podían ordenar a la carta. El restaurante introdujo a los neoyorquinos a los platillos más finos de la comida parisina: pato rostizado, una exquisitez del momento, perdices rellenas de trufas y verduras cocidas a fuego lento en crema.

Así comenzó la fascinación de la ciudad por la cultura y cocina francesa.

Los miembros de la alta sociedad de Nueva York eran conocidos por sentarse a comer cinco veces al día, lo cual inspiró nuevas alternativas al Delmonico's como el Waldorf-Astoria, Café Martin, Sherry's y Astor House, muchos de ellos atendidos por antiguos empleados del Delmonico's. Sin embargo, hasta que la Prohibición del Alcohol forzó su clausura en el año de 1923, el Delmonico's era todavía el portador del estándar restaurantero. Una comida especial en honor de Charles Dickens tuvo lugar en el restaurante, quien en una visita anterior a la ciudad se había quejado de la cocina americana. Después del festín que presentó más de cuarenta platillos, el escritor se retractó de su comentario. Samuel F.B. Morse envió su primer cablegrama a Europa desde el Delmonico's y Diamond Jim Brady era un comensal frecuente.

El amor de Nueva York por la cocina francesa revivió después de la Feria Mundial del año 1939. La popularidad del pabellón francés en la feria inspiró al restaurante que quizás fue el más influyente en la historia de la ciudad: Le Pavillon. Su impacto en el escenario restaurantero revirtió a través de la voz de Pierre Franey, quién llegó a Nueva York como chef de Le Pavillon y se convirtió en leyenda como el "60 Minute Gourmet" del New York Times. A través de los años sesenta, gracias a Le Pavillon y sus numerosos descendientes: La Cote Basque, La Grenouille y La Caravelle, la alta cocina era la cocina francesa.

Al mismo tiempo, se introducían en Nueva York los sabores internacionales a través de los libros de cocina de James Beard y el crítico Craig Claiborne del New York Times. Ambas personalidades ayudaron a desenmascarar a la alta cocina y a legitimar la influencia de otras cocinas del mundo.

En 1959, cuando el restaurantero Joseph Baum abrió el legendario Four Seasons en Midtown, inició el concepto de una nueva cocina americana, una cocina que reflejaba a Nueva York como el cruce de todas las culturas. El menú del Four Seasons reunía los ingredientes y la preparación de una variedad de cocinas convirtiéndolos en platillos americanos y franceses clásicos. Era una desviación épica en ese momento, un precursor de la cocina de fusión de las décadas recientes y la dirección del escenario culinario que Nueva York ha seguido.

Aunque Nueva York obtuvo la popularidad como la capital de los alimentos de los Estados Unidos a principios de los años 1900, el paladar de la ciudad ha sido realmente global en los años posteriores a la Segunda Guerra Mundial. En los años cuarenta y cincuenta, los portorriqueños y dominicanos se asentaron en East Harlem y los afroamericanos del sur llegaron a Harlem llevando consigo sus distintas tradiciones culinarias. Desde los años setenta han llegado nuevos grupos de lugares como Bangladesh, Corea, Tailandia, las Filipinas, Latinoamérica, Pakistán, Haití y Jamaica. Estos inmigrantes han creado sus propios vecindarios y su influencia se ha ido infiltrando en la corriente, haciendo que platillos que alguna vez fueron exóticos como el pad taí, kimchi y las empanadas sean parte integral del vocabulario culinario de los neoyorquinos.

COCINA CONTEMPORÁNEA

La cocina de Nueva York evoluciona tan rápido como cualquier otro aspecto de la ciudad. Sin embargo, está arraigada en siglos de tradición. No es de sorprenderse que el resto del país mire hacia el escenario culinario de Nueva York para entrever el futuro de la cocina de la nación.

Como un lugar principalmente definido por el cambio y por la creatividad de las personas atraídas aquí para dejar huella, Nueva York ha visto varias tendencias culinarias fugaces. Durante los años ochenta, una década conocida por sus alocados excesos, restaurantes vanguardistas como The Quilted Giraffe unieron las técnicas francesas con presentaciones vanguardistas de inspiración japonesa. En el Gotham Bar and Grill, en donde el chef Alfred Portale inició el movimiento vertical de la comida, los platillos principales se presentaban en montículos y en capas altas usando moldes con forma de aro y postres arquitectónicos que se coronaban con arcos de azúcar hilada. Un movimiento culinario de los años ochenta aún define en la actualidad a la cocina de Nueva York. Es la comida reconfortante o "confort food" que se puede encontrar en el Union Square Café. Amplias porciones de platillos caseros bien preparados como albondigón, pollo rostizado y puré de papas pueden haber sido la reacción a la popularidad de la nouvelle cuisine o quizás una respuesta a la caída del mercado de la bolsa en 1987. Independientemente de lo que la originó, la comida reconfortante o "confort food" llegó para quedarse. Actualmente el puré de papas se encuentra hasta en los restaurantes más elegantes y un pollo rostizado bien preparado puede adquirir más respeto que cualquier presentación francesa preciada. La comida reconfortante debe su origen a la revolución que trataba de vender preparaciones simples con ingredientes locales y de temporada iniciada en California en los años setenta. Jonathan Waxman, que había trabajado en Chez Panisse con Alice Walters a fines de los años setenta, introdujo esta revolución culinaria a Nueva York en los años ochenta en el restaurante Jams. El movimiento ha tenido un profundo efecto.

Los mejores chefs de la ciudad compran en los mercados locales y hacen sus menús alrededor de las especialidades traídas desde Long Island, New Jersey y el Valle del Río Hudson. Los neoyorquinos están siempre a la caza de los artesanos y sus productos. Cuando hay un nuevo y talentoso panadero o chocolatero en la ciudad así como un fabricante de queso o vino en Long Island, se corre la voz rápidamente.

Aunque el clima severo de la región se pudiera ver como un impedimento para cocinar con ingredientes locales, a los neoyorquinos les encantan las distintas estaciones y felizmente las honran con un decidido cambio en lo que cocinan y comen. Los residentes se preparan para lo que cada estación les ofrece culinariamente: los espárragos tiernos, las escalonias y el ruibarbo en la primavera; seguidos por los primeros jitomates maduros, los duraznos jugosos y elotes dulces del verano. Para el otoño las uvas Concord, las peras Seckel y los membrillos. Los días cortos del invierno y el clima frío ofrecen su propio romance al presentar sustanciosas sopas de frijoles, carnes lentamente cocidas, tubérculos caramelizados y asados y postres caseros como el budín de pan.

La evolución de las estaciones trae consigo una particular afición por la fruta. Se prevé con ilusión la llegada de nuevas frutas al mercado y, cuando llega el momento oportuno, se presentan nuevas posibilidades culinarias. Las galletas crujientes, postres de frutas, pays y compotas siempre aparecen en los menús de los restaurantes, pero las frutas con las que están hechas cambiarán de frutas silvestres a cerezas, posteriormente de duraznos a ciruelas y por último de peras a manzanas conforme cambia el calendario. En el Four Seasons la salsa de fruta que se sirve junto a

su especialidad de pato Long Island cambia cuatro veces al año, al igual que la decoración del follaje del restaurante.

A pesar de la presencia de un empuje latente hacia lo nuevo y lo moderno, a los platillos clásicos se les otorga el máximo respeto. Aun los chefs más reconocidos serían vistos con recelo si no tuvieran algunos de los platillos caseros clásicos de Nueva York para anclar sus menús. Estos platillos se elevan por la calidad de sus ingredientes y el cuidado con el que se preparan: la sopa de albóndigas matzo se puede preparar con pollo orgánico; los macarrones con queso (platillo favorito de los restaurantes de máquinas expendedoras que tanto gustaban como Horn and Hardart Automats que hace algunos años invadieron los distritos de negocios de la ciudad) serían modernizados con un queso artesanal de Vermont y cubierto con rebanadas delgadas de trufas frescas; y el pastel de queso sería endulzado con jarabe puro de maple del norte del estado de Nueva York.

Los chefs y los comensales siempre se han apoyado en las tradiciones culinarias europeas para moldear la definición de la alta cocina. A pesar de que pocos de los restaurantes franceses reinantes en Nueva York como Lutece, Le Côte Basque y La Caravelle han cerrado sus puertas, la veneración por la cocina francesa todavía se puede ver en cada nivel. Todos los restaurantes de cuatro estrellas de Nueva York son franceses y las réplicas de los bistros franceses informales y la comida que típicamente sirven, como el steak au poivre y frites, la ensalada de endibias con lardons y los profiteroles con salsa de chocolate semiamargo, se pueden encontrar en casi cualquier vecindario de Manhattan.

Recientemente la cocina italiana se ha convertido en la fuente culinaria de elección. Además de los restaurantes italoamericanos ubicados en los barrios italianos en los cinco distritos, hay por toda la ciudad restaurantes que sirven comida regional italiana auténtica. Lugares como Babbo Ristorante e Enoteca en Greenwich Village y Beppe cerca de Union Square llevan lo básico de la cocina italiana sencilla hacia otro nivel de abundancia y complejidad que podría ser extraño en el antiguo país pero que captó la atención de los paladares aventureros y sofisticados de los neoyorquinos.

Los neoyorquinos son conocidos por no aceptar fácilmente cualquier cosa, lo cual ha hecho que la cocina de fusión no haya sido aceptada como en otras partes del país. Varios restaurantes de este tipo han abierto en Nueva York, pero casi sistemáticamente fracasan. Si se toma en cuenta los que han perdurado, se puede ver que los neoyorquinos no son adversos a la llegada de las influencias culinarias, sin embargo, demandan cierta estabilidad. Prefieren una cocina arraigada a alguna tradición y que demuestre solamente la influencia sutil de otras, como es el caso de Nobu en Tribeca con base japonesa y el DB Bistro Moderne de Daniel Boulud en Midtown con enfoque francés.

Los neoyorquinos han adquirido fama de cocinar poco en casa pero, cuando preparan comida en su propia cocina, lo hacen con gusto. Los viernes en la noche, cuando los restaurantes están llenos de gente que no es de la ciudad, prefieren pasar la velada cenando en casa. Cuando los neoyorquinos invitan a sus casas piensan bien en el menú, el cual frecuentemente es todo un reto. No sería raro que pasaran el día entero preparando los platillos. Algunos cocineros caseros quizás intenten copiar un platillo como el bacalao marinado en miso, que han gozado en algún restaurante local.

CENANDO FUERA

El comer en un restaurante es una forma de diversión. Ya sea que los neoyorquinos coman en una tratoría informal de su vecindario, un restaurante clásico de carnes o un restaurante galardonado de algún chef de renombre; los restaurantes son el escenario en el que ellos llevan a cabo su vida social.

El finado Joseph Baum, creador del afamado restaurante Four Seasons, decía: "La gente no viene a nuestros restaurantes porque tiene hambre". Los comensales acudían al Four Seasons de Baum y a sus demás restaurantes decorados con algún tema especial porque al entrar a los espacios tan diseñados era como entrar a un escenario. El comer en ese entorno era como participar en una función de teatro que presentaba una cocina innovadora y bien ejecutada. La misma fórmula domina en muchos de los restaurantes más finos de Nueva York actualmente.

    Para muchos neoyorquinos el comer fuera no es exclusivo de las ocasiones especiales. Por lo general, los departamentos son pequeños y esto hace que el cocinar y el invitar a casa sea algo difícil. Por tal motivo, los neoyorquinos usan los restaurantes como sus cocinas y comedores fuera de la casa. Se ven con amigos y celebran cumpleaños, hacen tratos de negocios, comen solos en la barra, piden comida para llevar a casa e incluso tienen fiestas en los salones privados y en las mesas del chef.

    Se pueden encontrar restaurantes en todas las calles menos en las calles residenciales más tranquilas y dentro de su gran variedad son atractivos para toda gama de precios y cualquier gusto étnico, incluyendo desde la comida tai hasta la tibetana. A los neoyorquinos les gusta decir que comer en los restaurantes baratos locales de sándwiches o en los chinos es más barato que cocinar en casa. Para los neoyorquinos que presumen del tiempo en que no han encendido sus hornos o llenado sus refrigeradores, no es raro que hagan fuera las tres comidas del día.

    Los horarios de trabajo poco ortodoxos de muchos de los neoyorquinos se refleja en la cantidad de gente que entre semana disfruta una taza de café por la mañana en los restaurantes y cafés del barrio. Los que trabajan en oficinas generalmente compran el desayuno para llevar: una taza de café y un bollo con mantequilla de un vendedor de la calle o un café con leche y un pastelillo de la panadería que queda camino al trabajo. La hora del almuerzo tiene una rutina similar. En Midtown y Soho los empleados de las bancas de inversión, casas de moda, editoriales, despachos de abogados y redes de televisión, salen de sus oficinas y llenan las tiendas que venden sopas, ensaladas y sándwiches. Los ejecutivos almuerzan en los lugares elegantes como el 44 en el Hotel Royalton o el Lever House en Midtown.

    Sin embargo, la cena es el momento en que los neoyorquinos se detienen a disfrutar como si fuera una recompensa después de un día de trabajo. En una noche informal de la semana escogen entre un sinnúmero de restaurantes que tienen cerca de sus casas, frecuentando aquellos en donde saben de antemano lo que van a pedir y en donde van a recibir un trato especial. Éste podría ser su bar sushi preferido, un amistoso café tai o una tratoría en donde la primera cena en una mesa al aire libre marca la llegada de la primavera.

    Para los residentes de la ciudad el jueves es la mejor noche para cenar fuera porque los comensales de New Jersey, Long Island, Westchester County y demás distritos, conocidos como la multitud del puente y del túnel, llegan a Manhattan los viernes y sábados en la noche. El jueves es la noche que los neoyorquinos reservan frecuentemente para probar el nuevo restaurante del que leyeron en el New York Magazine o en el New York Times.

    Para mucha gente el comer en las mesas

de los chefs o en las que ven hacia la cocina promete una vista de la acción. Este estilo de cena es común en los mejores restaurantes de Francia e Italia, pero hace sólo unos 10 años Maguy Le Coze, el dueño de Le Bernardin, introdujo este estilo de "teatro en la cocina" a Nueva York. En Le Cirque 2000 hay una barra semicircular situada discretamente en la esquina de la cocina, la cual es tan opulenta como el comedor principal. En el Barbuto en West Village, el mismo Jonathan Waxman atiende a sus comensales al estilo familiar en una mesa larga tipo campestre dentro de la cocina.

A pesar de la frecuencia con la que comen fuera, los neoyorquinos reservan ciertos restaurantes para ocasiones especiales. Los restaurantes de carnes como The Palm en el East Side y Peter Luger en Brooklyn, los cuales reflejan el Nueva York antiguo, son los lugares ideales para llevar a los amigos, a la familia o a los socios del trabajo, especialmente a los que vienen de fuera. El atender visitas presenta la oportunidad perfecta para volver a los restaurantes tradicionales como Katz's Delicatessen, Sylvia's Soul Food y Chumley's la taberna clandestina de Greenwich Village. La cena en los restaurantes de cuatro estrellas, que son exclusivamente franceses y se caracterizan por manteles blancos y servicio formal, generalmente dura de dos a tres horas. Por tal motivo, una visita a Daniel, Aureole o Jean Georges es un capricho que pocas veces saborea hasta el neoyorquino más obsesionado con la comida.

El gusto de los neoyorquinos por la comida se está haciendo cada vez más informal. Mientras que los restaurantes opulentos y el servicio formal fueron en alguna época el punto de referencia de la cena elegante, muchos de los restaurantes favoritos de la actualidad como Babbo Ristorante e Enoteca, Craft y Gramercy Tavern ampliamente considerados entre los mejores de la ciudad, son definitivamente más relajados y reflejan los gustos contemporáneos.

Los comensales que prefieren un ambiente informal pueden elegir entre una selección casi ilimitada de restaurantes étnicos, especialmente si salen a los distritos fuera de Manhattan. Prácticamente todas las cocinas del mundo, desde la coreana y camboyana hasta la cubana y peruana, la del este de la India y el oeste de África, se pueden encontrar en esta ciudad de inmigrantes. Estos establecimientos familiares y auténticos proveen una idea de las tradiciones de otras culturas. Además de una atmósfera informal y precios accesibles, tienen un gran ambiente.

Sin embargo, en los últimos años, la comida étnica ha tenido un gran auge en los restaurantes convencionales. Muchos restaurantes como Nam, un restaurante de moda vietnamita en Tribeca, y Bond Street, un moderno bar sushi en East Village, gustan a los neoyorquinos que están dispuestos a pagar un poco más con tal de cambiar los pisos de linóleo y luz fosforescente de algunos de los más modestos restaurantes étnicos por un ambiente más romántico en donde se enfatiza tanto en la decoración como en la calidad de los alimentos. Muchos de los restaurantes nuevos más populares, entre los cuales están Kittichai, un nuevo restaurante tai en Soho, Spice Market en el Meatpacking District, que sirve comida actual del sureste de Asia y Matsuri en Chelsea, que se especializa en cocina japonesa, casi se pueden considerar como restaurantes especializados.

MERCADOS

En Nueva York los aficionados a la comida están dispuestos a viajar para comprar exactamente lo que desean. Visitan los mercados de los agricultores para obtener los mejores productos y mariscos locales, buscan productores artesanales en los barrios históricos de la ciudad y frecuentan la gran cantidad de tiendas de especialidades que venden productos importados de todo del mundo.

Todos los días de la semana, durante todo el año, los neoyorquinos pueden comprar los productos locales en los mercados de agricultores en los cinco distritos de la ciudad. En los parques, plazas, zonas de recreo y estacionamientos, los vendedores ponen sus puestos en los que muestran alimentos de las granjas del Valle del Río Hudson, Long Island y New Jersey o aquellos cosechados localmente. La exuberancia es bastante impresionante: una infinidad de verduras y frutas en su mejor temporada, langostas, callo de hacha, raya y pescado azul de Long Island; quesos artesanales frescos y añejos; pollos, patos y huevos orgánicos; miel de maple, pasteles, pays y pan recién horneados así como mermeladas y jaleas hechas en casa.

Antes de que estos mercados de agricultores se establecieran en los años setenta, los agricultores locales no tenían una manera fácil de llegar a los consumidores de la ciudad y los neoyorquinos no tenían acceso a los productos locales de temporada. Barry Benepe, un arquitecto y urbanista de Nueva York, notó que estaba disminuyendo el número de granjas familiares en la región debido a las presiones de los negocios agrícolas y al desarrollo urbano. Benepe y su colega, Bob Lewis, hicieron una propuesta al Consejo del Medio Ambiente de la ciudad de Nueva York con la idea de empezar un mercado de agricultores en Nueva York para disminuir la brecha entre los agricultores locales y el consumidor de la ciudad. El primer Greenmarket, como ahora se llaman, abrió en 1976 en un lote de la ciudad en la Calle Cincuenta y Nueve y la Segunda Avenida con un grupo de agricultores. Hoy en día, el consejo patrocina mercados en más de treinta lugares, la mayoría de ellos abiertos todo el año y otros solamente durante la temporada de cultivo de primavera y verano.

El Greenmarket de Union Square en Broadway y la Calle Diecisiete Este es por mucho el más grande, con cerca de setenta agricultores en el pico de la temporada. Está abierto cuatro días a la semana: lunes, miércoles, viernes y sábado y es el epicentro del escenario alimenticio de Nueva York. Incluso el restaurantero Danny Meyer eligió esta ubicación para su primer restaurante, el Union Square Café, por la proximidad al Greenmarket y sus productos de calidad. En las primeras horas de la mañana, mientras algunos de los agricultores están instalando sus puestos, se puede ver a los chefs de los restaurantes en sus batas blancas examinando atentamente las especialidades de la temporada, eligiendo los ingredientes para los platillos especiales con base en productos agrícolas y sus menús (página 97). Para los neoyorquinos que aman la comida, una visita al mercado se ha convertido en un ritual necesario; llegan con bolsas de mercado y canastas vacías y se van con las bolsas llenas de variedades de verduras y frutas poco comunes que nunca encontrarían en las tiendas locales de abarrotes.

El creciente aprecio por los productos artesanales ha generado otros mercados. El mercado Chelsea, que abrió en 1997, es un corredor interior que va entre la Novena y Décima Avenidas en la Calle Diecisiete. Hay más de veinte tiendas pequeñas de especialidades entre las que se encuentra Lobster Place, que ofrece mariscos y pescados frescos y Buon Italia, que vende una amplia selección de alimentos

INTRODUCCIÓN: MERCADOS 17

italianos importados. El mercado sirve como una tienda directa de los helados, yogurt y productos lácteos de la granja Ronnybrook Farm Diary. Los panes, pasteles y galletas de Amy's Breads, Eleni's Cookies y Fat Witch Brownies se hacen ahí, en cocinas abiertas que muestran un teatro culinario para el comprador. Este edificio fue alguna vez la fábrica donde la Nacional Biscuit Company produjo las primeras galletas Oreo.

El mercado de Grand Central, recién abierto en el año 1999, está en el hermoso edificio completamente remodelado de la terminal Grand Central en Midtown y fue creado para ofrecer una experiencia de compra tipo europeo. Antes de que salgan los trenes los viajeros pueden elegir queso de la tienda Murray's Cheese Shop, chocolates de Li-Lac Chocolates, carne de Koglin, un carnicero alemán, y otros productos de los demás vendedores independientes.

Nueva York también es hogar de muchas de las primeras y mejores tiendas de alimentos gourmet incluyendo a Zabar's, una institución del Upper West Side en Broadway y la Calle Dieciocho desde los años treinta, que ha sido objeto del cariño duradero de los neoyorquinos. Zabar's, conocida por la calidad de su pescado ahumado, alimentos importados, un departamento de quesos muy adelantado para su época y café tostado en casa, ha tenido gran éxito entre la población judía adinerada del Upper West Side. En los años setenta, Zabar's empezó a vender aparatos electro-domésticos y utensilios de cocina, por lo que actualmente es muy conocida. La tienda es dirigida por Saul y Stanley Zabar, dos de los tres hijos del propietario fundador. El hijo más joven, Eli Zabar, es dueño de la Vinegar Factory (entre otras cosas), un emporio de alta comida gourmet al otro lado de Central Park.

Otra tienda pionera de especialidades es Dean & DeLuca, abierta por Joel Dean y Giorgio DeLuca en 1977 en lo que era antes un barrio relativamente desierto de artistas, Soho. Los dos fundadores se comprometieron a ofrecer los mejores alimentos del mundo a la creciente población culta de la ciudad. Viajaron por el mundo buscando diferentes productos de alta calidad para llevar a su tienda y se jactan de haber sido los primeros en vender vinagre balsámico y jitomates deshidratados en los Estados Unidos, entre otras cosas comunes en la actualidad. Hoy en día, el visitar Dean & DeLuca es como entrar a un museo culinario, y una visita a la sucursal en la calle de Prince y Broadway es casi una obligación para los visitantes interesados en la comida.

Nueva York es una ciudad de tiendas de especialidades y los residentes por lo regular toman ventaja de la cantidad de enclaves y tiendas étnicas. Para una experiencia rusa van a la Avenida Brighton Beach, llamada Little Odessa, para visitar M & I International o cualquier otra tienda en la Avenida Brighton Beach conocida por sus especialidades rusas como el pan negro, pescado ahumado, salchichas, pepinillos, panes fritos rellenos y borscht. Una ocasión especial o una festividad quizás inspire un viaje al Lower East Side de Manhattan para ir a Guss'Pickles o Russ & Daughters para comer pescado ahumado. Una comida en particular que requiera ingredientes poco comunes proporciona el pretexto ideal para ir a la Avenida Atlantic en Brooklyn para conseguir ingredientes del Medio Oriente; a la West African Grocery en la Novena Avenida en Manhattan; a la sección de Curry Hill de la Avenida Lexington para las especias hindúes o a muchos de los supermercados de Chinatown en donde se venden alimentos de un gran número de culturas asiáticas.

Una visita al mercado de menudeo Arthur Avenue, un mercado cubierto que se extiende sobre siete cuadras en el barrio de Belmont en el Bronx, es muy popular no solamente por la amplia selección de alimentos hechos a mano e importados que se venden ahí y en las calles de alrededor, sino también porque la experiencia es como un viaje hacia el pasado a una de las antiguas comunidades italoamericanas. Conocido como La Pequeña Italia en el Bronx, el mercado fue inaugurado en 1940 por el alcalde Fiorello La Guardia para proporcionar puestos interiores para los vendedores que empujaban sus carritos por la calle. Muchas de las tiendas familiares que forman el bullicioso mercado, como Teitel Brothers, una tienda de abarrotes, y la panadería Madonia Brothers Bakery tienen casi cien años. Calabria Pork Store, Casa Della Mozzarella, Mike's Deli y Borgatti's Ravioli and Egg Noodles, tienen ya varias generaciones y son reconocidas por ofrecer productos de calidad y por el servicio tan amistoso que se encuentra solamente en los establecimientos en donde el dueño está presente y la clientela es la misma durante años. El mercado abre todos los días excepto el domingo, pero los sábados en la mañana se encuentra en su máxima actividad cuando varios de los dueños de las tiendas y los clientes asiduos que se han mudado a los suburbios regresan a visitar el antiguo barrio.

SABORES DE LA CIUDAD DE NUEVA YORK

Los neoyorquinos a menudo consideran su ciudad como en un conjunto de pequeños pueblos en donde cada uno tiene su propia historia y sabor. Ir al Lower East Side de Manhattan por un sándwich de pastrami o a Brooklyn por un tazón de fideos vietnamitas es obtener el sabor del verdadero Nueva York.

Tribeca y el Distrito Financiero

En los primeros años de la historia de la ciudad la zona de Tribeca (acrónimo de Triangle below Canal Street y en español, triángulo debajo de la calle Canal) se llamaba Washington Market. El mercado permaneció activo por dos siglos hasta los años cincuenta y los vestigios de los días en que la zona era un centro de venta al mayoreo aún son visibles en la actualidad. Los lofts remodelados en Tribeca son ahora algunos de los espacios residenciales más cotizados de la ciudad. Durante algunos años, este barrio ha sido hogar de varios de los restaurantes más finos de Nueva York. Sin lugar a dudas, el pionero fue el elegante restaurante francés Chanterelle, que abrió sus puertas en 1979 y permanece en la misma ubicación cerca de Ground Zero, en donde se encontraba el World Trade Center. Dentro de la gama de los restaurantes más informales se encuentra Bubby's un retro de estilo americano que se ha ido expandiendo con los años hasta convertirse en una institución de la zona. Este barrio continúa atrayendo comensales a restaurantes de categoría como Bouley, 66, Montrachet, The Harrison, Danube y Nobu.

Un poco más abajo, el Distrito Financiero en Lower Manhattan sigue siendo el centro histórico de la ciudad claramente visible por lugares como Fraunces Tavern, aún en servicio, en donde George Washington se despidió de sus oficiales en 1783. El New York Stock Exchange, fundado en 1817, se cambió a su edificio actual en 1903. Algunas de las

grandes instituciones financieras se han cambiado a Midtown, pero los artistas y los jóvenes emprendedores se han cambiado a la zona y le han traído nuevos aires al escenario restaurantero. Bazzini, que ha estado asando nueces para venta al mayoreo por hace más de cien años, abrió un mercado y un café para atender a los nuevos residentes del barrio. En 1999, Delmonico's, el primer restaurante del país con menú a la carta, volvió a abrir sus puertas cerca de su antiguo local en Williams Street.

El Barrio Chino

El Barrio Chino, regido por su propio ritmo, es una zona en continua expansión en el lado este de Lower Manhattan. Parece un mundo fuera de la ciudad, sin embargo, es claramente parte de ella. A través de los años se han asentado en el barrio otros inmigrantes asiáticos, siendo los más importantes los tailandeses y los vietnamitas, y han abierto restaurantes y mercados. Patos laqueados cuelgan en los escaparates de las tiendas y los comerciantes en las calles venden varias clases de fideos y dumplings. Algunos restaurantes no tienen menús en inglés y los platillos que se sirven a los comensales se ven poco familiares para los no asiáticos. Entre los restaurantes que destacan en los corazones y los paladares de los neoyorquinos están Joe's Shanghai, Sweet-n-Tart Restaurant, Thailand y Nha Trang que sirven comida vietnamita. La fábrica de helados Chinatown, un punto destacado en el barrio, es conocida por sus dulces helados de té verde cremoso, tofu, lichi y jengibre.

La Pequeña Italia

A pesar de que el Barrio Chino se ha extendido hacia el norte a la zona que ocuparon los inmigrantes italianos en los años 1800, todavía se encuentran restaurantes italianos a lo largo de la Calle Mulberry y ofrecen clásicos platillos italoamericanos como el ziti horneado, los calamares fritos con salsa marinara y la ternera a la parmesana. Se pueden ver rastros del viejo barrio en la hilera de tiendas de alimentos en Grand Street, muchas de ellas aún propiedad de las familias que las fundaron. DiPalo's Fine Foods, de 1910, vende carnes y quesos importados de Italia y hace queso mozzarella fresco diariamente. Piemonte Ravioli Company vende pastas hechas en casa y tortellini y panzotti rellenos de queso gorgonzola y hongos porcini. Alleva Diary, que abrió alrededor del año 1890, se especializa en quesos mozzarella y ricotta frescos hechos a diario y también ofrece otras variedades de queso junto con carnes curadas, aceite de oliva y vinagres. El Italian Food Center tiene un gran surtido de productos importados como aceites, pastas y otras especialidades del sur de Italia y es conocido por sus sándwiches gruesos especiales servidos en largos bollos crujientes.

Soho/Nolita

Hace más de veinte años, cuando el novedoso emporio de alimentos Dean & DeLuca abrió sus puertas en la parte baja de Broadway, Soho era un barrio tranquilo de departamentos para artistas (lofts), galerías y bistros como Lucky Strike, Jerry's y Raoul's. Muchos de esos lofts se han convertido en condominios y las antiguas galerías ahora están ocupadas por boutiques, pero la hermosa arquitectura de hierro fundido se ha conservado. La calle de Sullivan, una de las principales calles de alimentos en la ciudad, representa lo mejor del barrio antiguo y nuevo. Al lado norte de la calle, cerca de la calle Houston, los lugareños se detienen en dos puntos del barrio como Joe's Dairy para comprar queso mozzarella fresco y ahumado y

Pino Prime Meats por su pollo orgánico y sus asados. En la famosa Once Upon a Tart los clientes saborean los bollos hechos de suero de leche y pasas así como las tartas estilo francés. Más abajo en la misma calle están el Blue Ribbon Sushi, conocido por su sushi de primera calidad y su gran variedad de sakes; el Blue Ribbon Restaurant, un lugar en donde se reúnen los chefs al salir de trabajar y la Sullivan Street Bakery, que tiene panes y pizza italianos con corteza crujiente. La zona ubicada al este de la calle Lafayette, conocida como Nolita (acrónimo de North of Little Italy; y en español al norte de la Pequeña Italia), está ocupada por pequeñas boutiques y restaurantes. En su centro está la antigua Catedral de San Patricio consagrada en 1815. La congregación original se componía de inmigrantes irlandeses que vivían en lo que era una comunidad granjera. Hoy en día el espíritu del barrio se refleja en establecimientos como el Café Habana que sirve sándwiches cubanos prensados y flan hecho en casa y Peasant en donde se cocina comida italiana sustanciosa y de temporada en una fogata.

Lower East Side

El área al sur de la calle Houston y al este de Bowery conserva su identidad como el histórico barrio judío de Nueva York a través de Katz's Delicatessen, Yonah Shimmel Knishery, Kossar's Bialys, Moishe's Kosher Bake Shop, Guss' Pickles y Russ & Daughters que ha vendido pescado ahumado desde los años 1900. El museo Tenement del Lower East Side en la calle Orchard conserva un apartamento original en un edificio del año 1863, proporcionando una imagen de las vidas de los judíos y demás inmigrantes. Con sus bajas rentas que atraen a los artistas y a otros recién llegados, la zona rápidamente se está convirtiendo en una zona burguesa. Las elegantes boutiques de ropa y zapatos han abierto cerca del histórico distrito comercial de la calle Orchard. El barrio también se ha convertido en un hogar para tiendas de alimentos creativos como el elogiado Il Laboratio del Gelato, The Doughnut Plant, Paladar y 71 Clinton Fresh Food. WD-50 atrae clientes de toda la ciudad que vienen a probar las preparaciones vanguardistas de Wylie Dufresne.

Meatpacking District

Ubicado en Lower West Side, colindando con la esquina noroeste de Greenwich Village, el Meatpacking District (Distrito de Empacadores de Carne) fue el centro del procesamiento y distribución de los alimentos durante más de un siglo. Algunos de los primeros negocios se originaron en ese sector entre los que se encuentran: Old Homestead, un restaurante de carnes que está en el mismo local desde 1868; Hogs and Heifers, un bar para motociclistas que atrae nuevos clientes y Florent que sirve comida sustanciosa hasta la madrugada. A estos pilares fundamentales se les han unido nuevos restaurantes y centros nocturnos. El Pastis, un bistro francés con mesas al aire libre y popular por su almuerzo, se localiza en la amplia esquina empedrada de Little West Twelfth Street y la Novena Avenida. Cada mes algún restaurantero o chef elegante inaugura otro establecimiento como el Vento Trattoria de Stephen Hanson y el Spice Market de Jean-Georges Vongerichten que sirven cocina inspirada en la comida de la calle del sureste de Asia. El Hotel Gansevoort también ha cambiado considerablemente el escenario del Meatpacking District y ya se tienen planes para construir otro hotel.

Greenwich Village

Situada en el West Side justo al sur del Meatpacking District y conocida por sus calles enredadas, Greenwich Village fue alguna vez un pueblo de verdad, una colonia de artistas y escritores incluyendo a la poetisa Edna St. Vincent Millay y el dramaturgo Eugene O'Neill. Hoy en día sus pintorescas manzanas arboladas, sus calles empedradas y residencias históricas contribuyen a que los bienes raíces tengan algunos de los precios más elevados de la ciudad. La zona alrededor de la Universidad de Nueva York, al sur del Washington Square Park, se llena de bullicio en las noches. El sonido del jazz sale de los centros nocturnos cuyos clientes comen en pizzerías abiertas hasta muy noche o en alguno de sus restaurantes preferidos como el Mamoun's Falafel. La encantadora atmósfera de esta zona y sus restaurantes de primera categoría, como el Babbo Ristorante e Enoteca y Blue Hill hacen que Greenwich Village sea un lugar atractivo tanto para visitantes de otras partes de la ciudad como

de fuera de ella. Sin embargo, los residentes prefieren lugares más sencillos como Blue Ribbon Bakery, Corner Bistro y Shopsin's General Store un merendero con muchos admiradores.

Un poco más al norte Greenwich Village se convierte en West Village, que es donde se encuentran Spotted Pig una taberna-restaurante estilo inglés y Barbuto un restaurante que vale la pena visitarse y ofrece comida contemporánea de temporada. West Village es también el hogar de las famosas Magnolia Bakery en donde la gente hace fila a todas horas para comprar mantecadas y The Chocolate Bar que ofrece un espectacular chocolate "caliente" helado.

East Village

East Village se localiza entre la calle de Houston y la calle Catorce y, salvo en algunas excepciones, en general no ha destacado en la escena culinaria de Nueva York. Pero en años recientes la zona ha cambiado. Tompkins Square Park es ahora un hermoso parque de la comunidad y los restaurantes como el Prune, The Tasting Room, Jewel Bako y ChikaLicious, que sirve postres exclusivamente, son ahora restaurantes dignos de visitarse. Angelica Kitchen prepara comida vegetariana orgánica con mucho éxito. La transformación de la zona no ha cambiado a la Veniero's Pasticceria la cual ha pertenecido a la misma familia por más de cien años y aún atrae clientes que buscan pastelillos y postres auténticos italoamericanos, particularmente el pastel de queso ricotta. El sello característico del barrio es su gran diversidad. Se puede encontrar comida tibetana, tailandesa, judía y ucraniana dentro de un radio de cinco cuadras. Los neoyorquinos que salen de los bares y centros nocturnos de la zona visitan el concurrido Veselka, un restaurante ucraniano económico abierto las veinticuatro horas del día. East Village tiene dos de los bares más populares de la ciudad: McSorley's Old Ale House, fundado en 1854, que sólo sirve cerveza inglesa de malta clara u oscura y, en el extremo opuesto, Angel's Share, en donde los camareros preparan cocteles usando el más fino alcohol y jugos frescos.

Chelsea

Ubicado justamente al norte del Meatpacking District, Chelsea fue alguna vez el tipo de barrio que únicamente tenía suficientes cafés y restaurantes étnicos para satisfacer a sus propios residentes. Sin embargo, Kitchen Market una pequeña tienda mexicana de abarrotes y de comida para llevar tenía seguidores de toda la ciudad al igual que el Empire Diner que abre toda la noche y sirve una versión más elegante de la comida clásica. El escenario culinario del barrio empezó a cambiar cuando abrieron Chelsea Market en 1997 (página 17) y la gran cantidad de galerías de arte que atrajo a la multitud sofisticada. La gente de toda la ciudad ahora acude al Maritime Hotel y a sus dos restaurantes: Matsuri, en el sótano, que tiene elegante comida japonesa y La Bottega una tratoría popular con una gran terraza al aire libre.

Gramercy Park/Flatiron District/Murray Hill

Quizás debido a su cercanía con el Greenmarket más grande de la ciudad, los barrios de alrededor de Union Square son hogar de los mejores restaurantes de Nueva York: City Bakery, Craft and Craftbar, Gramercy Tavern y, el pionero, Union Square Café. Cuando Danny Meyer y Michael Romano abrieron el Union Square Café en 1985, el barrio que anteriormente había estado deteriorado empezaba a mejorar debido a la influencia del Greenmarket. La gente bien acomodada se ha ido hacia el norte, alrededor del majestuoso Flatiron Building terminado en 1902 y considerado como el rascacielos en uso más antiguo de Manhattan y alrededor de Madison Square Park. El tramo de Lexington Avenue justo al noreste del parque, conocido como Curry Hill, es el lugar de reunión para los neoyorquinos que buscan restaurantes o mercados hindúes, destacando entre ellos el Kalustyan's. Muchos de los restaurantes en esta zona son kosher y vegetarianos.

Midtown and the Theater District

Midtown es el centro financiero de Nueva York y hogar de la "comida de negocios" y de las "cenas para cerrar un trato". Se encuentra anclado por el Rockefeller Center en la Quinta Avenida y está lleno de legendarios establecimientos culinarios como el Four Seasons, "21" Club, Oyster Bar, en Grand Central Station, y Smith & Wollensky un restaurante clásico de carnes. También es hogar de varios bares para ir después del trabajo como P. J. Clarke's y el King Cole Bar en el Hotel St. Regis. Una visita a Orso o a Esca de Mario Batali, al oeste de Times Square, antes o después de ir al teatro es una parte tan importante de la velada como la misma función.

Hell's Kitchen

Una caminata por la Novena Avenida entre las calles Treinta y Cuatro y Cuarenta y Ocho, en la zona conocida como Hell's Kitchen, nos lleva a varios lugares muy conocidos como: Pozzo Pastry Shop, Empire Coffee and Tea y Poseidon Bakery, conocidos por su fresca pastelería griega. Los establecimientos relativamente nuevos en la Novena Avenida como el Cupcake Café y Amy's Bread marcaron la inminente revitalización de la zona cuando abrieron sus puertas en los años noventa.

Upper West Side/Lincoln Center

La zona al oeste de Central Park, hogar de algunos destacados edificios residenciales de la época de la preguerra entre los cuales se encuentran los famosos Dakota y Ansonia, tenía escasez de restaurantes hasta que Tom Valenti abrió el Quest en 2001 y posteriormente el 'Cesca dos años más tarde. Los residentes de la zona son muy afortunados de tener tres de las mejores tiendas de bagels en la ciudad: Columbia Bagels, H & H Bagels y Absolute Bagels, así como restaurantes para desayunar como Barney Greengrass y Sarabeth's Kitchen además de las excepcionales pastelerías Soutine, Levain Bakery y Margot Patisserie. Aunado a esta abundancia de establecimientos se encuentran tres de las tiendas de alimentos más veneradas de la ciudad: Zabar's, Fairway y Gourmet Garage. Para las personas que van al teatro, a la ópera o a la sinfónica en el Lincoln Center, un poco más al sur, una cena tardía en el Café des Artistes o en el Café Luxembourg es todo un ritual. En la parte sur del barrio, cerca de Central Park, se eleva la Trump Tower en donde se encuentra el restaurante de cuatro estrellas Jean Georges. Enfrente del renovado Columbus Circle está Time Warner Center que alberga varios restaurantes de afamados chefs de todo el país incluyendo Per Se del californiano Thomas Keller.

East Side/Upper East Side

EAl este de Central Park desde la Calle Cincuenta y Nueve hasta las Calles Noventa, fue el hogar de las primeras mansiones de los Estados Unidos, una de las cuales alberga la Colección Frick de pinturas de antiguos maestros. Justo al norte el Museo de Arte Metropolitano, rodeado por Central Park, sirve como ancla para la zona conocida como Museum Mile, que también incluye el Jewish Museum y el Museo Solomon R. Guggenheim. La elegancia todavía define a la Quinta Avenida, a Madison y a Park Avenue donde tiendas exclusivas como Lobel's Prime Meats, Rosenthal Wine Merchant y Sherry-Lehmann también especializada en vino, son legendarias por sus productos de alta calidad y precios elevados. La elegancia caracteriza a los restaurantes del lado este como Daniel, Aureole, Payard Patisserie and Bistro y Bemelmans Bar en el Hotel Carlyle. La Vinegar Factory de Eli Zabar es una buena fuente de ingredientes para quienes buscan una extensa selección de alimentos gourmet así como los afamados panes de Zabar. La Maison du Chocolate, una pequeña tienda que vende confituras francesas y sirve chocolate caliente, atrae a los amantes del chocolate.

La zona entre las calles Setenta y Ochenta, conocida como Yorkville, fue alguna vez un enclave alemán y húngaro. Esta herencia se conserva en algunas car-

nicerías finas como Yorkville Meat Emporium, Ottomanelli Brothers Market y Schatzie's Prime Meats. En Orwasher's Bakery la familia Orwasher ha hecho pan de centeno con la misma receta y la misma levadura durante casi cien años.

Harlem

Los holandeses fueron los primeros en asentarse en esta zona en los años 1600 y le dieron el nombre de Harlem en memoria de un pueblo en su país natal. Harlem atrajo otros inmigrantes a través de los siglos y a finales de los años 1800 era la meca para las familias ricas de Manhattan que construían sus casas con piedra rojiza, algunas de las cuales han sido declaradas edificios históricos. Los afroamericanos que abandonaron el sur del país en los años 1900 llegaron a Harlem, trayendo consigo un florecimiento cultural artístico y de filosofía social que en los años veintes y treintas se conoció como el Renacimiento de Harlem. El teatro Apollo, un edificio de esa época, todavía se conserva y sirve de ancla a Central Harlem. En esta zona al norte de Central Park, desde el oeste de la Quinta Avenida hasta St. Nicolas, rige la comida "soul" y existen varias opciones para comer entre las cuales están M & G Diner y Better Crust Bakery, afamada por sus pays de manzana, nuez y camote así como la recién llegada Miss Mamie's Spoonbread Too. Sylvia's Soul Food tiene fama mundial y la dueña Sylvia Woods fue bautizada como "La Reina de la Comida Soul" por la revista New York Magazine. En Harlem del Este, que está al este de la Quinta Avenida, la Pizzería Patsy's y Rao's son restaurantes de lo que alguna vez fue el barrio italiano. Hoy en día el área conocida como Spanish Harlem o El Barrio es hogar de varias poblaciones hispanas y de muchas tiendas de alimentos puertorriqueños y mexicanos. La Hacienda se especializa en comida tradicional mexicana y La Fonda Boricua es conocida por sus auténticos platillos de Puerto Rico como arroz amarillo, frijoles negros y guisado de carne.

The Bronx

Al norte de Manhattan se encuentra el único distrito que no está separado de Manhattan por medio de agua. El Bronx es muy famoso por albergar el zoológico de categoría mundial y el estadio Yankee. Cerca del estadio está F & J Pine Restaurant, uno de los lugares preferidos para comer después de ir a un partido de base ball. Una de las zonas de mayor interés cultural en el Bronx es Belmont, algunas veces conocida como la Pequeña Italia del Bronx debido a la dominante población siciliana que ahí se asentó en los años 1800. El epicentro de esta comunidad es Arthur Avenue Retail Market, una fila de tiendas a lo largo de una cuadra que vende productos agrícolas, carnes curadas y quesos y que está rodeada por otras tiendas y restaurantes italianos (página 21). Ya que han comprado todo lo que necesitan, los clientes hambrientos se detienen a comprar una rebanada de pizza en Full Moon Pizza o un gran plato de spaghetti con albóndigas en Mario's. Un viaje al puerto histórico de City Island sería incompleto sin una visita a Lobster Box, un establecimiento fundado a mediados de los años cuarenta, o a Johnny's Famous Reef, un restaurante informal que ofrece mariscos fritos, mesas al aire libre y la vista de Long Island Sound. Todo ello hace que sea una experiencia culinaria inesperada en Nueva York.

Brooklyn

La gran variedad de prósperas comunidades étnicas que hay en Brooklyn es tan diversa como en cualquier otro distrito de la ciudad, desde el enclave ruso en Brighton Beach hasta la comunidad mística judía de Hasidic en Williamsburg. Brooklyn también es hogar

de otra Pequeña Italia, el barrio conocido como Bensonhurst. En 1915, después de que se hizo el tren de la Cuarta Avenida desde Manhattan, los inmigrantes italianos llegaron a lo que entonces era tierra de cultivo. Actualmente la Avenida Dieciocho mantiene su sentido de comunidad con sus mercados de verduras al aire libre y las pequeñas tiendas familiares como Bari Pork Store, Trunzo Bros. y Villabate Pasticceria, la cual se especializa en repostería siciliana como los cannoli rellenos de queso ricotta y el Sanguinaccio, un postre de chocolate.

En Sunset Park se ha formado el segundo barrio chino más grande de la ciudad de Nueva York, conocido como Bat Dai Do, que se traduce como la "Octava Avenida" y también significa "camino a la prosperidad" en cantonés y es en donde se establecieron principalmente inmigrantes cantoneses de Hong Kong. La diversidad de la zona se puede apreciar en su tienda de sándwiches vietnamita llamada Ba Xuyjen, en El Tepeyac Mini-Mart que se especializa en comida mexicana y ecuatoriana así como en el mercado de alimentos Turkish Birlik. En el lado más apartado de este extenso distrito está Coney Island, hogar del famoso parque de diversiones en el cual se inventaron los hot dogs y aún se venden cerca del paseo marítimo entarimado, especialmente en Nathan's Famous.

La reciente popularidad de Brooklyn se refleja en la apertura de restaurantes de moda entre los cuales está Blue Ribbon en Park Slope y Relish and Oznot's Dish en Williamsburg además de tiendas de alimentos gourmet como la ubicada en Dumbo (acrónimo de "Down Under the Manhattan Brooklyn Overpass" y en español, "Debajo del Paso del Puente de Manhattan a Brooklyn"), la cual se especializa en chocolates y es propiedad de Jacques Torres, el antiguo chef de repostería del legendario restaurante Le Cirque de Nueva York.

Queens

Es el más grande de los cinco distritos y alberga a los aeropuertos de La Guardia y JFK. Queens es la entrada a Nueva York y la zona de más diversificación étnica en todo Estados Unidos. Se estima que se hablan 138 idiomas, siendo los más sobresalientes el chino, coreano, italiano, griego, ruso y francés. Cerca del estadio Shea se encuentra Flushing que se ha convertido predominantemente en una zona asiática.

Los comerciantes venden fideos fritos y los cafés como el Relax Tea House se especializan en pastelería china y té burbujeante que es una mezcla de té, leche y grandes perlas de tapioca. Los restaurantes asiáticos varían desde la cocina tai en el Green Papaya y la cocina de Taiwán en el Laifood hasta el restaurante vietnamita Pho y el Penang con su cocina de Malasia. La población griega que alguna vez dominó la zona de Astoria ahora comparte el territorio con inmigrantes de Tailandia, del Norte de África y Yugoslavia, pero algunas instituciones como el Christos Hasapo-Taverna, un restaurante griego de carnes, el Telly's Seafood, que sirve mariscos, y el mercado Titan Foods, aún ofrecen auténtica cocina griega.

INTRODUCCIÓN: MAPA DE NUEVA YORK

LO MEJOR DE **NUEVA YORK**

Durante los veinte años en que Eli Zabar ha horneado sus crujientes y correosas hogazas de pan estilo europeo, los neoyorquinos han establecido un buen nivel de panadería y repostería, la cual exige frescura y alta calidad. Ellos prefieren las panaderías pequeñas que se especializan en ciabatta y challah y en tartas y mantecadas.

PANADERÍAS Y TIENDAS DE BAGELS

El movimiento de panadería artesanal en Nueva York debe su increíble crecimiento durante las dos últimas décadas a varios factores. Uno fue por accidente. En 1987, Eli Zabar descubrió un horno de ladrillos que funcionaba con carbón en el sótano de su elegante tienda de especialidades E.A.T. en el Upper East Side. Después de haber estudiado con el finado Lionel Poilâne de la renombrada panadería francesa, él había horneado pan en un horno para pizza durante algún tiempo. Consideró el descubrimiento del horno como un presagio y empezó una panadería a gran escala llamada Eli's Bread.

La primera hogaza de pan exclusiva de Zabar era la hogaza larga y delgada llamada ficelle y durante el siguiente año él regaló la mayoría de su pan. El negocio empezó a tener éxito después de que algunos destacados chefs y restaurantes empezaron a usar el pan de Eli casi en exclusiva. A medida que los gustos de los neoyorquinos se hacían más sofisticados, el pan de estilo europeo se convirtió en el pan característico. El surtido de Eli se extendió a más de doce tipos diferentes de masa e incluso más variedades de hogazas, y otras panaderías como Amy's Bread, Sullivan Street Bakery y Tom Cat Bakery, pronto entraron en escena.

Actualmente los neoyorquinos son tan conocedores que una hogaza de pan, una mantecada, un bagel o un croissant, se consideran tan buenos como la panadería en la que se hornearon. Cada panadero produce un pan de firma que refleja su estilo y se reconoce fuera de contexto como: la ciabatta de Sullivan Street Bakery, la hogaza de sémola y pasas de Amy's Bread, el pan integral de Tom Cat Bakery, las tartas de City Bakery y los croissants de Ceci-Cela.

La población de inmigrantes de Nueva York llevó consigo sus tradiciones de panadería y repostería y muchas de esas primeras panaderías aún prosperan en la actualidad. En Lower East Side, que rápidamente se ha convertido en un barrio de clase media alta, las challahs, babka, bagels y bialys todavía se hacen de acuerdo a los métodos traídos a este país por los primeros inmigrantes. Las hogazas de corteza delgadas tipo italiano se sacan de hornos antiguos de ladrillos en los barrios de la Pequeña Italia en Manhattan, de Arthur Avenue en el Bronx o de Bensonhurst en Brooklyn.

Las hogazas de pan recién horneadas se venden en los mejores mercados de Nueva York y en casi todos los distritos se pueden encontrar buenas tiendas de bagels. Pero en cuanto a la repostería no sería raro que un neoyorquino atravesara la ciudad para saciar el antojo de un baklava en la Poseidon Bakery, fuera al centro para comprar un pastel de queso ricotta de Veneriro's Pasticceria para una fiesta o se detuviera en Magnolia Bakery, Buttercup Bake Shop o Cupcake Café para comprar una docena de mantecadas para una fiesta de cumpleaños.

Para un aficionado los bagels hechos a mano es lo único aceptable.

Los bagels saben mejor recién salidos del horno y cada día se hacen miles de ellos en las tiendas especializadas de la ciudad. Los expertos en bagels dicen que no existe una receta definitiva. La preparación cambia todos los días dependiendo de la temperatura y la humedad. Para ajustar la receta se debe saber cómo se debe sentir y ver la masa en cada etapa del proceso.

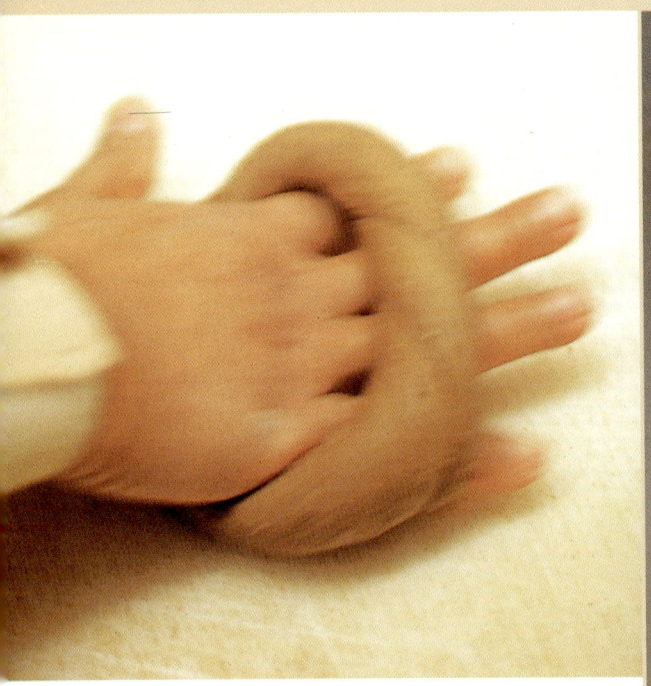

Queso Crema y Bagels

El queso crema es el principal ingrediente en el pastel de queso estilo Nueva York. Sin embargo, quizás sea más apreciado cuando se unta sobre un bagel. Los neoyorquinos piden su "schmear" que viene del término yiddish que significa una pequeña cantidad de queso untada en la parte cortada de medio bagel. Las tiendas de bagels ofrecen muchas variedades de queso crema incluyendo cebollín y salmón ahumado, que es el más popular. De la variedad de queso crema artesanal el de Ben es considerado el mejor.

Cubiertas para bagels

Hace algún tiempo los únicos tipos de bagels que se conseguían eran los bagels sencillos y los que tenían sal y semillas de ajonjolí o con semillas de amapola. A medida que han proliferado las tiendas de bagels fuera de la ciudad así como en los cinco distritos, se han multiplicado las variedades de bagels. Los puristas ahora reconocen gustosamente los bagels de huevo, centeno, cebolla, ajo, canela con uvas pasas y centeno. También hay los llamados bagels de "todo" cubiertos con una mezcla de sal, semillas, cebolla y ajo. Los bagels de nueve granos son la adición más reciente.

Aunque los tradicionalistas han demostrado tener un amplio criterio, quizás se están yendo demasiado lejos. Las tiendas auténticas de bagels en Nueva York no hacen bagels con jitomates deshidratados, chiles jalapeños, moras, trozos de chocolate o pesto. Sorpresivamente los bagels pequeños ya han sido aceptados. Estos bagels se parecen más al tamaño original de aquellos bagels hechos hace un siglo y se consiguen en tiendas muy conocidas como Absolute Bagel en el Upper West Side. Antiguamente un bagel pesaba cerca de 90 g (3 oz) que es aproximadamente la mitad de lo que un bagel promedio pesa hoy en día.

Haciendo Bagels

MEZCLANDO LA MASA Los bagels se hacen con una sencilla mezcla de harina, sal, levadura fresca, agua y malta de cebada, la cual se prefiere en vez de azúcar.

DANDO FORMA A LA MASA Los panaderos de las mejores tiendas insisten en formar la masa en la forma tradicional, o sea a mano, en vez de a máquina. La masa se corta primero en pequeños rectángulos. Cada uno se enrolla en forma de cuerda y luego se le da forma de anillo.

HIRVIENDO LOS BAGELS Antes de hornearse los bagels se hierven, un proceso conocido como "hervir en caldero" debido a las grandes ollas de fierro, o calderos, que se usan. La humedad que absorbe la masa hace que los bagels sean jugosos como un pastel. Los bagels se retiran del agua hirviendo aproximadamente después de 60 segundos, cuando flotan en la superficie. Los bagels se sumergen inmediatamente en cubetas con los ingredientes elegidos para la cubierta.

HORNEANDO BAGELS Pocos minutos después de haber salido de la olla, los bagels se pasan a un horno de 260ºC (500ºF) y se hornean hasta que están dorados.

MANTECADAS
Las mantecadas más tradicionales son las de vainilla y chocolate con un remolino de glaseado color pastel. Los reposteros ponen su firma en los pequeños pasteles al cubrirlos con un glaseado, betún, chispas decorativas o al hornearlos en diferentes capacillos de papel.

BAKLAVA
Para hacer este pastelillo griego intensamente dulce se barnizan hojas de pasta filo sumamente delgadas con mantequilla clarificada y se acomodan en capas intercalándoles nueces picadas. Se hornean y se rocían con jarabe de miel.

TARTALETAS DE LIMÓN
Las tartas y tartaletas al estilo francés se sirven en cafés y restaurantes como una alternativa elegante al pay americano. Las tartaletas rellenas de limón, hechas con una corteza de vainilla o chocolate, son las favoritas del invierno. Las tartas de verano llevan rellenos de arándano y coco o de ciruela y almendras.

PASTEL DE QUESO RICOTTA
Este denso pastel con sabor a limón que se desmorona fácilmente es el pastel fundamental de las panaderías sicilianas. La corteza de galleta está rellena con una mezcla de ricotta, queso crema, huevos y ralladura de limón.

CANNOLI
Masa frita en forma de tubo y rellena de lo que los italianos neoyorquinos conocen como "crema cannoli", una mezcla de queso ricotta y crema espesa que se puede ver en los escaparates de las panaderías de cualquier barrio italiano. Entre las variaciones de este postre siciliano están las cortezas en forma de tubo remojadas en chocolate, rellenos de crema de sabor a chocolate o diferentes ingredientes dentro de su relleno como pequeños trozos de chocolate o cítricos escarchados. Villabate Pasticceria en Brooklyn sólo hace un tipo de cannoli: el original, relleno de ricotta de leche de oveja importado.

DONAS
La popularidad de los "crullers" o donas rellenas de jalea y otras donas características nunca se ha desvanecido. Pero una nueva clase de dona apareció en 1994 cuando The Donut Plant en Lower East Side empezó a hacer esponjosas donas glaseadas usando ingredientes de alta calidad como el chocolate Valrhona y fruta fresca de temporada.

CROISSANTS
Los perfectos croissants parisinos de Ceci-Cela tienen un sabor amantequillado y un exterior delgado y crujiente así como un interior que se desmorona fácilmente. Además de la clásica versión sencilla, esta panadería hace croissants de chocolate, almendras y chocolate con almendras.

BABKA AND CHALLAH

Babka es un panqué compacto de origen polaco que generalmente se come de postre o en el desayuno. Challah es un pan dorado con levadura enriquecida con huevo que generalmente tiene forma de trenza. Las hogazas se comen tradicionalmente en el Sabbath y en otras festividades.

PAN DE NUECES Y PASAS

Inspirado por el pan negro con pasas de varias panaderías judías, Eli Zabar creó este pan de firma. Hecho de harina blanca orgánica molida en piedra, este pan está lleno de nueces molidas y picadas. Muchos panaderos artesanales hacen una versión similar.

PAN DE CENTENO

La calidad del centeno hace la diferencia entre un delicioso sándwich de una tienda de especialidades o uno que causa desilusión. Orwasher's Bakery se especializa en este pan tradicional de Europa del Este. Abram Orwasher, quién dirige el negocio que su abuelo inició, dice que el cultivo de la masa fermentada es la clave de un buen pan de centeno. Él usa el mismo cultivo que se usó cuando la panadería se inauguró en 1916. La panadería vende pan tradicional de centeno el cual se hace con una combinación de harinas de centeno y trigo, ya sea con o sin semillas de alcaravea. También hace pan de centeno y maíz, un pan de centeno tradicional que usa una mayor proporción de harina de centeno que de trigo.

KNISH

Este bollo de origen judío de Europa del Este se hace con una masa delgada y ligera rellena de espinacas, carne o, más comúnmente, una mezcla de puré de papa y cebolla. Los mejores knishes vienen de las tiendas antiguas que se especializan en ellos como Yonah Schimmel Knishery, Mrs. Stahl's Knishes y Knish Nosh's Knishes.

BIALY

Llamado así por la ciudad Bialystok en Polonia, su lugar de origen, el bialy es un pan judío que, a diferencia del bagel, no se hierve sino que se espolvorea con cebollas salteadas antes de hornearlo

BAGEL

Este pan de levadura de origen judío en forma de dona se originó en Europa en los años 1600 y alcanzó un gran apogeo en manos de los panaderos de Nueva York. Los bagels originales, como los de Ess-a-Bagel, se hacen a mano y se hierven rápidamente antes de hornearse, proporcionándoles así una superficie lustrosa y su característico interior compacto y correoso. Los puristas que alguna vez prefirieron los bagels sin adornos han llegado a aceptar una variedad de ingredientes. Entre los más aceptados están las semillas de ajonjolí, semillas de amapola, sal y cebollas.

Las tiendas de especialidades judías e italianas ofrecen una muestra de las experiencias y tradiciones de los primeros inmigrantes de la ciudad. Los clientes gustosamente hacen fila en sus mostradores para ordenar un sándwich de pastrami con pan de centeno o un sándwich especial "del héroe" rebosante de carne con todos los aderezos extras.

TIENDAS DE ESPECIALIDADES

Las tiendas de especialidades de Nueva York se remontan a los años 1800 cuando los inmigrantes judíos empezaron a hacer pastrami para preservar la carne. La carne de res se curaba durante veintiún días en una salsa de salmuera que contenía cilantro, pimienta, ajo y clavos de olor. Posteriormente se ahumaba con virutas de nogal americano durante ocho horas, se le quitaba la grasa y se cocinaba al vapor hasta que estuviera suculenta y suave. El proceso resultó demasiado pesado para los cocineros caseros, quienes acogieron con gusto a las tiendas de especialidades que aparecieron en los barrios judíos para vender pastrami. En los años treinta más de cinco mil tiendas de especialidades de toda la ciudad se especializaron en pastrami curado a la antigua usanza. Estos establecimientos por lo general tenían pocos lugares para sentarse junto al mostrador y también se les conocía por sus salchichas, knishes, pan de centeno y pepinillos.

De acuerdo a la ley dietética judía, la preparación de carne y productos lácteos debe hacerse por separado, lo cual requiere de dos cocinas. Así, los restaurantes de especialidades kosher y los restaurantes de productos lácteos kosher se establecieron por separado para atender las necesidades de los judíos religiosos. Las tiendas de especialidades se dieron a conocer por sus abundantes sándwiches de pastrami, corned beef y pecho de res, servidos con ensalada de col y papas a la francesa así como por otras creaciones con carne como el guisado de res en cazuela y la col rellena de carne molida y arroz. Por el contrario los restaurantes de productos lácteos servían especialidades judías que contenían leche y productos con base de leche. El restaurante Diamond Diary, que tiene cincuenta años y se encuentra en el segundo piso del edificio de vidrio de New York Diamond Exchange, con su largo mostrador y su media docena de mesas, es el único restaurante de productos lácteos que queda en Manhattan y uno de los pocos en toda la ciudad. En la tradición láctea, el restaurante es famoso por sus blintzes de queso (crepas delgadas rellenas de queso) y su kugel (budín horneado de fideos dulces).

El número de tiendas de especialidades se ha reducido a unas cuantas en cada distrito. Muchas de ellas son nuevas y atienden a los turistas que quieren experimentar una tienda de especialidades de Nueva York. Ahora el pastrami sólo es producido por algunos fabricantes tradicionales que permanecen en Brooklyn y en el Bronx. Las reverenciadas tiendas de especialidades como Katz's Delicatessen y Carnegie Deli en Manhattan así como Ben's Best en Queens todavía ofrecen con mucho orgullo el suculento pastrami tradicional hecho de acuerdo a sus especificaciones rebanándolo siempre en el momento.

Second Avenue Deli, ubicada durante cincuenta años en la zona de East Village, conocida hace algunos años como Jewish Rialto por su concentración de teatros yiddish así como Ben's Best, establecida en 1954 en Rego Park, son verdaderas tiendas de especialidades kosher. Sin embargo, otras tiendas de especialidades de la

Desde los sándwiches hasta el pastel de queso, la comida de las tiendas de especialidades gusta mucho por sus generosas porciones.

ciudad, son "tipo kosher". Las de "tipo kosher" como Carnegie Deli, Katz's Delicatessen y Stage Deli mantienen la esencia de la experiencia de comida judía en Norte América, mientras que también ofrecen artículos no kosher como el pastel de queso estilo Nueva York y cremas de huevo. Otra especialidad favorita es el sándwich Reuben, que lleva corned beef con queso suizo y aderezo ruso, llamado así por la tienda que supuestamente lo inventó.

Al entrar a una tienda de especialidades los comensales encuentran salamis y otros tipos de carnes colgando sobre sus cabezas, vitrinas de cristal llenas de especialidades como hígado picado, ensalada de pescado blanco, knishes de espinaca y papa, salmón ahumado y budín de pan.

dando el antiguo lema de la tienda: "Manda un salami a tu hijo en el ejército". Los clientes toman un número al entrar en la tienda y hacen fila junto al mostrador desde donde observan cómo se rebanan las jugosas carnes, por lo general, a mano. Después de hacer su orden se les da una rebanada de carne para que la prueben antes de que les preparen sus sándwiches. Muchos de los meseros han estado ahí durante cincuenta años. Su manera brusca de tratar al cliente es en realidad sólo un teatro ya que quizás después se sienten a su mesa para acompañarlo.

El sándwich que rivaliza con los de las tiendas de especialidades judías en grosor y cariño es el sándwich italiano del héroe. El escritor culinario Clementine Paddleford le dio su nombre en

Todas estas tiendas de especializadas en alimentos tienen un sentido de generosidad, de que más es definitivamente más. Los generosos sándwiches de pastrami son tan grandes que es casi imposible que quepan en la boca.

A lo largo de los muros hay pilas de hogazas de pan de centeno, frascos de jarabe de chocolate de Fox's U-Bet Chocolate Flavor, latas de Dr. Brown's Cel-Ray Tonic, cajas de sal kosher; todo listo para venderse reflejando los días cuando las tiendas de especialidades también funcionaban como tiendas de abarrotes, con la comodidad de que abren los domingos. Platos con pepinillos agrios o semi-agrios se colocan gratuitamente en todas las mesas. Los generosos sándwiches de pastrami son tan grandes que casi no caben en la boca.

A pesar de que muchos neoyorquinos la tachan de ser un lugar turístico, Carnegie Deli, ubicada en el distrito de los teatros desde 1937, ofrece su propio estilo de autenticidad. Las paredes están cubiertas con fotografías de celebridades y los sándwiches pesan la enorme cantidad de 500 g (1 lb) cada uno, lo que los clasifica como los más grandes de la ciudad. Los sándwiches llevan nombres como "Woody Allen", "Cincuenta formas de amar a tu hígado" y "De lengua para la Memoria". Los hoscos meseros vestidos con esmoquin hacen que los fuereños sientan una experiencia de un verdadero fenómeno neoyorquino.

Una visita a Katz's, toda una institución en el Lower East Side desde 1888, es un retroceso en el tiempo. Los salamis cuelgan en los grandes ventanales a lo largo de la calle Houston, recor-

1936 cuando dijo: "Tendrías que ser un héroe para acabarte uno". Esta hecho en un bollo de pan blanco crujiente cuyo interior suave se retira para acomodar copiosas cantidades de rebanadas de carne y queso, además de pepperoncini (chiles dulces picantes), pimientos asados o jitomates deshidratados. La carne puede ser salami, prosciutto, capicolla, mortadella o pavo y el queso puede ser mozarella o provolone fresco o ahumado. Para terminar el sándwich generalmente se rocía con aceite de oliva, vinagre de vino tinto y sal y pimienta.

Los sándwiches "del héroe" se hacen sobre pedido en bollos crujientes en la Faicco's Pork Store, una alegre tienda en Bleecker Street en West Villlage. Un lado de la tienda está cubierto de latería importada mientras que el otro tiene un mostrador de carne y una vitrina llena de aceitunas, hongos marinados y pimientos. En el Italian Food Center, en la Calle Grand, hay anuncios que cuelgan sobre el mostrador que corre a lo largo de la tienda anunciando los sándwiches especiales, el "New Yorker" y el "Little Italy", cada uno de más de 1/2 kg (1 lb). El aceite de oliva, el queso mozarella hecho en casa y las anchoas se encuentran entre la gran selección de alimentos que se ofrecen en la tienda, una reliquia del pasado de la Pequeña Italia que la convierte en una verdadera comunidad de inmigrantes.

Por su abundancia, disponibilidad y calidad, la comida que se vende en las calles de la ciudad se considera una opción respetable para sustituir una comida en algunos restaurantes. Los neoyorquinos, conocidos por vivir de prisa, pueden disfrutar diferentes alimentos desde los más sencillos tentempiés hasta las comidas estilo gourmet cocinadas por chefs de renombre.

PUESTOS DE LA CALLE

Gran parte de la vida en Nueva York se lleva a cabo en las calles. Caminar se considera un medio de transporte y la comida que se vende en los carros acolchados de acero inoxidable, kioscos aislados y pequeños escaparates alimenta a los neoyorquinos mientras caminan hacia su trabajo o fuera de él, quienes toman algo de comida o se detienen a comer un tentempié.

Desde hace mucho tiempo, el comer alimentos de los puestos de la calle ha sido una parte del ritmo de la ciudad, y vender comida en la calle siempre ha sido un medio de ganarse la vida para los inmigrantes recién llegados. Los gastos son mínimos y la afluencia de clientes es constante. Después de la hambruna de papa irlandesa a mediados de 1800, los nuevos inmigrantes irlandeses vendían papas asadas sobre fogatas abiertas. También en los años 1800, los inmigrantes chinos introdujeron los caramelos a las fiestas de la ciudad. Los inmigrantes italianos vendieron salchichas, pimientos y zeppole, o masa seca espolvoreada con azúcar glass (para repostería) en puestos de la calle, una tradición que sigue existiendo en Arthur Avenue en el Bronx y en las fiestas de verano que se llevan a cabo en las calles como la Fiesta de San Genaro en la Pequeña Italia. A principios de los años 1900, los vendedores del Lower East Side ofrecían hot dogs con chucrut por cinco centavos. Aunque la profesión de vender alimentos en la calle está más establecida en la actualidad y se necesita tener un permiso para hacerlo, los inmigrantes recién llegados aún dominan este comercio.

En los bolsillos de los cinco distritos, la comida que se vende en las calles aún refleja la cultura del vecindario. En la Calle Canal del Barrio Chino, se reúnen hasta cinco filas de gente alrededor de los vendedores de tortas de cebollitas de cambray, pato asado, dumplings con pliegues y fideos sofritos. Más hacia el sur, cerca de Wall Street, los vendedores fríen tocino y huevos para una clientela que no deja su escritorio. En la Europa oriental enclavada en Brighton Beach, se sirve borsht en los puestos de la banqueta. Tamales, empanadas, tacos, flautas y otros alimentos mexicanos y de América Central reinan en el distrito de Red Hook de Brooklyn.

Aunque la comida se ha homogenizado con el paso de los años, de vez en cuando existe algo original: un vendedor de palomitas en la calle Delancey, un vendedor de gigantescas papas al horno rellenas en Midtown, una ventana en la Avenida Nueve en el East Village ofreciendo okonomiyaki, o tortas fritas de verduras japonesas. La comida de la calle también se ha vuelto exclusiva. Adam Perry Lang del Daisy May's BBQ U.S.A, tiene puestos en Midtown y en Wall Street que se especializan en sándwiches de carne de puerco con chile. Danny Meyer, del Union Square Café y Gramercy Tavern, abrió el Shake Shack en Madison Square Park, en donde vende hot dogs, hamburguesas y natilla congelada al estilo antiguo.

Los puestos de la calle tienen dos cualidades sumamente atractivas: son rápidos y económicos.

COFFEE AND A ROLL

ROASTED NUTS

HOT DOGS AND SAUSAGES

CAFÉ Y UN ROLLO DE PAN

El desayuno a la carrera, una taza de café acompañada por un sencillo rollo de pan, rebanado a la mitad y untado con mantequilla, era un ritual desde antes de que aparecieran las cadenas de cafeterías. No importa en qué tienda de la esquina o puesto de la calle se compre el café, éste se vierte en un icónico vaso de papel de color azul y blanco con una imagen de la Acrópolis. Existe un lenguaje para ordenar el café de estos puestos: black (negro, sin leche ni azúcar), dark (oscuro, con un poco de crema), light (ligero, con mucha crema) y regular (con crema y dos bolsas de azúcar).

FRUTA

La fruta se vende en grandes mesas de madera, a menudo bajo la sombra de un parasol y proporciona un desayuno o tentempié sano y económico. Vendedores de pie detrás de grandes básculas pesan la selección de cada cliente tomándolas de las torres de moras o las pilas de manzanas, naranjas, plátanos y manojos de uvas. En Harlem en el verano camiones repletos de sandías se estacionan en la calle 125 y venden las gigantescas frutas desde el camión. En el Barrio Chino los puestos de vendedores incluyen las frutas favoritas como lichis y mangos.

NUECES ASADAS

El inconfundible aroma de las castañas asándose sobre parrillas de carbón marca la temporada de las fiestas en la Quinta Avenida. Recién salidas del carbón, las nueces calientes se colocan en grandes conos de papel. El pelar las pieles tostadas es una parte integral de la experiencia de comer su pulpa interior con sabor amantequillado. El dulce olor a nueces dulces tostadas, una selección de cacahuates, almendras, nueces de la India y trozos de coco, aparecen durante todo el año en los puestos de toda la ciudad.

HOT DOGS Y SALCHICHAS

NNathan's Famous en Coney Island hace honor a su nombre, pues hizo famosos a los hot dogs y aún los sirve desde una ventana en su ubicación original en Brooklyn. El típico hot dog hervido de un vendedor de la calle se acompaña con chucrut, mostaza, cebollas asadas con jitomates y quizás pepinillos. El puesto de Hallo Berlin en la Quinta Avenida ofrece una gran variedad de wursts o salchichas alemanas que proporcionan comida a los gustos cada vez más exigentes de los neoyorquinos. Largas filas demuestran que un hot dog del Gray's Papaya, que se puede comer en diferentes sucursales de Nueva York, es uno de los alimentos favoritos.

SOFT PRETZELS

NOODLES

FALAFEL

PRETZELS SUAVES

Aunque el gran tamaño de los pretzels es un invento de Filadelfia, Nueva York considera a los pretzels como su propia creación. Se han vendido en las calles de Nueva York desde los años veinte y son uno de los pocos alimentos de antaño que aún se venden en los puestos de la calle en la actualidad. Los mismos vendedores que sirven hot dogs venden los pretzels, manteniéndolos calientes sobre granos de sal gruesa, algunos de los cuales se adhieren a su brillante superficie. Los vendedores colocan un pretzel sobre una hoja de papel aluminio y ofrecen un poco de mostaza para que los clientes la pongan sobre su superficie.

SOPA

Sana y sustanciosa, la sopa que se vende desde las ventanas de algunos escaparates y pequeños kioscos, es un platillo que ha ganado popularidad para la hora del almuerzo. En Al Yeganeh's Soup Kitchen International, un pequeño establecimiento ubicado en Midtown, el propietario sirve diez variedades diferentes de sopa, incluyendo las clásicas como la sopa de lenteja, la picante y el bisque de langosta y sus propias creaciones como una sopa de moussaka griega. Otro kiosco popular que vende sopa es una extensión techada del pub de Finelli's ubicado en Soho.
Este puesto vende diez tipos de sopa a diario, incluyendo la de frijol negro estilo cubano, la crema de elote y el gazpacho frío de jitomate.

FIDEOS

Cualquier obstáculo de lenguaje para saber qué ordenar en un restaurante del Barrio Chino se vence cuando se compran alimentos de un vendedor de la calle. Mientras los peatones se abren paso a través de las atestadas banquetas, uno puede ver lo que se vende y señalar lo que se desea. Los puestos que venden fideo por lo general ofrecen tres tipos: mai fun, arroz vermicelli frito con huevos y col; fideo de huevo con forma de spaghetti mezclado con verduras y otros ingredientes sofritos; y cheung fun, rollos de fideo de arroz al vapor.

FALAFEL

De todos los tipos de cocina de los pobladores recién inmigrados, los alimentos del Medio Oriente han ganado indudablemente la admiración de los neoyorquinos. Esto se puede apreciar, en parte, por la gran cantidad de vendedores de la calle que venden gyros, shish kebab y falafel, las bolas picantes de garbanzo con aroma a comino que se fríen y después se sirven en pan árabe con lechuga, jitomate, cebolla y salsa de yogurt. Moshe's Falafel en Midtown es legendario por hacer el mejor falafel, el cual se sirve para llevar.

La pizza estilo Nueva York se ha convertido en un platillo legendario más allá de la ciudad. La masa se prepara a diario y las cubiertas sencillas se basan en los ingredientes más frescos. La crujiente y ampollada corteza se logra al hornear la pizza a una temperatura elevada dentro de un horno de carbón.

PIZZA

El origen de la pizza neoyorquina, llamada afectivamente pay de pizza se puede rastrear hasta el año 1890, cuando los abarroteros italianos empezaron a usar sus hornos de pan y la masa de pan para hacer pizzas estilo napolitanas aderezadas con salsa de jitomate y queso mozzarella. Según se cuenta, Gennaro Lombardi, quien empezó vendiendo pays en su tienda de la Pequeña Italia a principios de los años 1900, tuvo la primer pizzería de la ciudad. Los panaderos que se encargaban de las pizzerías y que ayudaron a definir la pizza neoyorquina iniciaron sus carreras en la tienda de Lombardi. Anthony "Totonno" abrió Totonno Pizzería Napoletano en Coney Island en 1924. Cinco años después, John Sasso abrió John's Pizzería en Greenwich Village. Pascale Lancieri inauguró Patsy's Pizzería en East Harlem en 1933.

Lo que hace que los pays de estas pizzerías y de muchas otras sean excepcionales es en gran parte la calidad de los ingredientes con los que se hacen, el cuidado con el que se preparan y la forma en que se hornean. El jitomate San Marzano, un jitomate guaje (Roma) italiano preciado por su dulzura, es la variedad que se usa para hacer la salsa. El mozzarella está hecho a mano, a menudo en el vecindario.

Es muy importante el horno de carbón en el que se hornean las pizzas. En la actualidad sólo existen algunos de estos hornos y es ilegal construir nuevos, así que las pizzerías nuevas que quieren hacer pizzas a la usanza antigua deben encontrar locales con hornos preexistentes. El fuego del horno nunca se deja apagar y éste se aviva cada mañana agregándole carbón, hasta que, en el momento en que se abre la pizzería, haya alcanzado una temperatura estable de 455°C (850°F). Una pizza se resbala dentro del horno y unos cuantos minutos después sale hirviendo con una corteza crujiente pero aún flexible y con marcas uniformes de ampollas doradas sobre su base. De hecho, hay otra pizza en Nueva York. La pizza estilo siciliano quizás no sea icónica pero tiene sus admiradores. Esta corteza gruesa y esponjada con aroma de aceite de oliva se hornea en una cazuela de metal y después se corta en rebanadas rectangulares. Por lo general se ofrece con variaciones de la rebanada tradicional.

Durante la última década, los neoyorquinos han ganado renovada apreciación por la pizza de Nueva York y a menudo discuten acerca de quién hace la mejor. Esta pasión por la pizza ha engendrado nuevas pizzerías, todas ellas filiales de las familias reinantes de pizza en Nueva York que usan hornos de carbón. John's ahora tiene muchas sucursales en Manhattan, Totonno tiene una pizzería en el Upper West Side y Grimaldi's tiene una excelente tienda de pizzas en Brooklyn.

Cuando se trata de la pizza de Nueva York, lo que cuenta es la tradición, no la innovación.

Hacer pizza es una habilidad que requiere años de práctica. Cuando los pizzeros se inician trabajan en la cocina de preparaciones durante meses antes de que se les permita llevar a cabo las tareas de alguna de las cuatro posiciones de primera línea: abrir la masa y extender la salsa sobre ella, acomodar el queso y demás ingredientes sobre la cubierta, hornear la pizza en un horno de ladrillo con carbón y rebanar la pizza caliente.

Haciendo una Rebanada de Pizza en Nueva York

Cuando los neoyorquinos tienen que comer con rapidez se detienen a comprar una rebanada de pizza caliente. Los establecimientos que venden pizza por rebanada en toda la ciudad a menudo sólo tienen mesas para comer de pie. La pizza se calienta en el horno, se coloca sobre un plato y se rebana sobre el mostrador delante del cliente hambriento. Un neoyorquino por lo general dobla la rebanada a lo largo desde su punta, para que los ingredientes de la cubierta queden hacia adentro. Al doblar la gran rebanada poco manejable ésta se puede comer más fácilmente al ir de un lado al otro con prisas.

Cubiertas para pizza

En Nueva York la pizza no es una plataforma para hacer experimentos. Los ingredientes que se usan para hacer las cubiertas en otras ciudades, como la salsa barbecue o piña, se combinan con desconcierto. La pizza de Nueva York es sencilla, lo que significa que está cubierta de salsa de jitomate y queso mozzarella fresco. O se adorna con cubiertas tradicionalmente italianas, como el pepperoni, salchichas dulces, carne molida, pimiento dulce, cebollas, hongos y/o anchoas.

El estilo de pizza que deja perplejos a los neoyorquinos es la pizza blanca o pizza bianca. La pizza blanca es justo lo que su nombre indica: está cubierta de queso mozzarella, ricotta y queso romano rallado. Lombardi's en la Pequeña Italia es famosa por su pizza de almejas, una tradición de New Haven, Connecticut, hecha con almejas recién sacadas de sus conchas, ajo y orégano. Two Boots, con sucursales en Manhattan y Brooklyn es famoso por su pionera corteza de fécula de maíz. Las cubiertas que ciertamente no son aceptadas por los tradicionalistas en pizzas incluyen camarones en salsa barbecue, cangrejo, salchicha andouille, chiles jalapeños y alitas de pollo.

Haciendo Pizza

HACIENDO LA MASA Preparada a diario, la masa lleva levadura fresca y harina alta en gluten. Después de amasarse, se frota con aceite de oliva y se deja fermentar.

ABRIENDO LA MASA Esta expresión se refiere al proceso por medio del cual una bola de masa se convierte en un gran círculo. El lanzar el círculo en giros por el aire se considera un gran espectáculo. Otros métodos más tradicionales incluyen jalar las orillas hacia fuera con ambas manos o pasar la masa hacia delante y hacia atrás de una mano a la otra. El círculo no debe tener porciones demasiado gruesas ni demasiado delgadas y tampoco orificios.

CUBRIENDO LA PIZZA En algunas pizzerías se colocan rebanadas de mozzarella fresco sobre el círculo y se vierte la salsa sobre ellas. En algunas otras, la salsa se pone primero seguida por el queso. Posteriormente se esparcen otras cubiertas tradicionales en la superficie.

HORNEANDO LA PIZZA Un "hombre de la pala" quien detiene una gran pala de madera resbala hábilmente la pizza dentro de un horno de carbón sin dejar caer los ingredientes de la cubierta. La pizza sólo necesita 3 minutos en un horno caliente para estar lista, tiempo en el cual se rota cada 30 segundos para lograr un horneado uniforme.

Reunirse para tomar una copa es una forma ritual de entretenimiento en Nueva York. A los neoyorquinos les gusta reunirse en los bares de moda o bares del vecindario, bares informales estilo bistro o bares de elegantes hoteles después del trabajo o festejar en ellos hasta altas horas de la madrugada.

BARES Y COCTELES

El escenario del bar en Nueva York es tan antiguo como la misma ciudad. Los primeros pobladores frecuentaban tabernas abiertas por los holandeses desde los años 1600. Las cervecerías llegaron al continente con los inmigrantes irlandeses dos siglos después. Pero la reputación de Nueva York como una ciudad en la que es muy importante el bar no se cimentó hasta los años veinte, con la proliferación de tabernas clandestinas durante la época de la Prohibición del Alcohol. Dos de ellas aún existen en la actualidad: el Club "21" en Midtown y Chumley's en Greenwich Village.

El escenario del bar de la ciudad está intrincadamente atado al escenario literario. Muchos escritores famosos, entre los clientes de Chumley's, F. Scott Fitzgerald y Jack Kerouac, también eran bebedores legendarios. Una placa marca el punto en donde el poeta Dylan Thomas murió en la taberna White Horse, otro famoso punto de reunión en Greenwich Village. El renombrado Algonquin Round Table en el Hotel Algonquin era visitado por Dorothy Parker y A. L. Mencken. Mencken, que merece citarse en muchos temas, describió el martini como "el único invento norteamericano que es tan perfecto como un soneto."

En un esfuerzo por iniciar nuevas tendencias algunos bares se basan en algún tema. Pravda en Soho, especialista en vodka, sirve marcas de vodka de todo el mundo. Sakagura en Midtown se dedica al sake y tiene docenas de variedades. Los bares de los bistros como el Balthazar en Soho y el Pastis en Greenwich Village invitan a sus clientes a beber al igual que los franceses, disfrutando un aperitivo como el coctel de champagne antes de la cena.

A los neoyorquinos también les gusta la autenticidad y la pátina, por lo que muchos de los bares más populares son los más antiguos como: Pete's Tavern, Ear Inn y P. J. Clarke's.

Algunos de los bares más animados de la ciudad se encuentran en los lobbies de los hoteles de moda como el Ian Schrager's Hudson y el Royalton en Midtown. En el centro de la ciudad, el Hotel Mercer en Soho y el Maritime Hotel en Chelsea atraen multitudes de neoyorquinos y turistas durante las 24 horas del día. Los elegantes bares de los hoteles en el East Side tienen una clientela fiel. El Oak Bar y el Oyster Bar en el Hotel Plaza, Bemelmans Bar en el Hotel Carlyle y el King Cole Bar en el St. Regis, de donde surgió el nombre del Bloody Mary, evocan una sofisticación y un glamour asociado con una época anterior.

Los neoyorquinos toman sus cocteles en serio y debido a ello también lo hacen muchos de los cantineros de la ciudad. Los bares como el Milk and Honey, Angel's Share y Temple Bar son reconocidos por usar jugos recién exprimidos, adornos frescos y licor de la mejor calidad. Cualquiera que sea su preferencia actual, los neoyorquinos esperan ansiosamente la siguiente bebida que puede ser tan icónica como el Manhattan o el cosmopolitan.

Desde los martinis hasta los mojitos, el vibrante escenario de Nueva York es tan diverso como la ciudad.

CLASIC MARTINI

El vodka martini tiene sus seguidores, pero el gin martini en las rocas o preparado en una copa martinera fría y adornado con aceitunas verdes o un rizo de limón, es el clásico. De acuerdo a la leyenda, el coctel debutó a fines de los años 1800 en el Hotel Occidental de San Francisco. El nombre que ahora lleva quizás surgió de la compañía de vermouth, Martini and Rossi. La bebida surgió en Nueva York, en donde el presidente Franklin D. Roosevelt brindó por el final de la Prohibición en 1933 con un martini manchado, o sea un martini con un toque de salmuera de oliva.

INFUSED VODKA

A principios de los años noventa el vodka con infusión apareció en Manhattan. Los bares hicieron sus propios sabores del licor sirviendo vodka en grandes jarras de vidrio con frutas, como rebanadas de piña o moras enteras. Siguiendo con esta tendencia, los fabricantes empezaron a producir sus propios vodkas con infusiones. Un bar que continúa esta tradición es el Pravda, en Soho, el cual tiene una amplia selección de vodkas de todo el mundo pero las especialidades de la casa son las infusiones de moda, incluyendo las de moras, cerezas, piña, coco y jengibre y los cocteles hechos con ellas.

MANHATTAN

En 1874, la madre de Sir Winston Churchill, Lady Randolph Churchill, hizo una fiesta en el Club Manhattan para celebrar la elección del nuevo gobernador de Nueva York Samuel Tilden. Para esa ocasión el cantinero inventó esta mezcla legendaria hecha con whiskey bourbon, vermouth dulce y cerveza amarga mezclados con hielo frapé, servido en una copa martinera y adornado con una cereza maraschino. Un Manhattan seco se hace con vermouth seco. Un Manhattan perfecto, hecho con la mitad de vermouth dulce y la mitad de seco, es una especialidad del Bemelmans Bar en el Hotel Carlyle.

MOJITO

El popular mojito cubano, que significa "pequeña salsa", es un coctel helado hecho con menta fresca molida con azúcar y mezclada con jugo de limón, ron y una pequeña cantidad de agua mineral.

GIBSON

Mucho tiempo antes de que apareciera el martini ya existía el Gibson, un martini muy seco adornado con una pequeña cebolla en vez de una aceituna o un rizo de limón y servido en una copa martinera. Charles Connolly, un cantinero del New York Player's Club, supuestamente hizo esta bebida para el ilustrador Charles Dana Gibson alrededor del año 1900.

BELLINI
Una mezcla de néctar de durazno blanco y vino espumoso italiano, el Bellini fue creado por Harry Pickering del Harry's Bar en Venecia, Italia, y lleva ese nombre por los tonos rosados de las pinturas de Giovanni Bellini, artista del Renacimiento. El aperitivo se sirve en el Harry's Bar de Nueva York.

CITRON LEMONADE
TEsta mezcla refrescante de vodka con infusión de limón, jugo de limón fresco, jarabe de azúcar, menta triturada y agua mineral, servida en un vaso alto fue inventada por el cantinero principal del Lever House en el 2004. Es todo un clásico.

BIG APPLE MARTINI
Constantemente se intenta reinventar el martini. Algunos cocteles que sin duda caen en esta categoría contemporánea son el martini de sandía, el martini de granada china y el martini ahumado (vodka con un toque de wiskey ahumado de malta). Ninguno de ellos ha tenido tanto éxito como el martini Big Apple, una mezcla de vodka, licor de manzana y jugo de limón fresco, adornado con una rebanada de manzana verde.

BRONX
El poco conocido Bronx, hecho de ginebra, jugo de naranja y vermouth dulce y seco fue inventado en el Waldorf Astoria como un reto de un cliente. Llamado así por el zoológico y no por el distrito, esta bebida fue popular durante cierto periodo y está experimentando un leve resurgimiento en las manos de los cantineros interesados en preparar cocteles históricos.

COSMOPOLITAN
Aunque no se sabe en dónde ni cuándo se inventó el cosmopolitan, lo que si se sabe es que esta bebida de color rosado se ha asociado con el escenario de la moda de Nueva York. El coctel es una mezcla de vodka (a menudo infundido con cítricos), Triple Sec, jugo de lima Rose's y jugo de arándano, servido en una copa martinera y adornado con un rizo de limón. Este precursor de las interminables variaciones del vodka martini servido actualmente data de finales de los años ochenta. El cosmopolitan entró en boga en los años noventa y su popularidad nunca ha disminuido.

Para los observadores de fuera de la ciudad, el extenso paisaje de los restaurantes de Nueva York puede parecer un terreno ocasional que nunca cambia. Pero éste se forma cuidadosamente por una variedad de restauranteros innovadores y chefs creativos quienes luchan continuamente para crear nuevas y emocionantes experiencias culinarias que atraen a los comensales a quienes les gustan los inventos.

PIONEROS DE LA MODA

Nueva York como capital de la moda, medios de comunicación y arte, proporciona tierra fértil para los restaurantes y cocina con influencia. Esta ciudad cosmopolita es lo más parecido a un campo de competencia mundial. Jóvenes chefs llegan de todo el mundo tratando de llegar a la cima en este campo, mientras que los restauranteros ansiosos de satisfacer o sobrepasar las expectativas de los neoyorquinos, crean restaurantes en lugares extraños decorados por diseñadores y arquitectos famosos.

Prácticamente todos los restaurantes famosos de Nueva York que implantan nuevas tendencias son propiedad de unos pocos. El Union Square Café de Danny Meyer fue un pionero en el movimiento de la comida reconfortante o "confort food". Los merenderos se sienten igual de bienvenidos en la atmósfera relajada de sus demás sucursales, las cuales incluyen la Gramercy Tavern y el Blue Smoke, un restaurante elegante que sirve auténtica salsa barbacue de Menfis. Mario Batali presenta un enfoque contemporáneo con la comida italiana en el Babbo Restaurante e Enoteca y también preside, junto con su socio Joseph Bastianich, algunos restaurantes con menús diferentes, desde una tratoría de mariscos hasta un bar de vino (página 59). Daniel Boulud, nacido en Francia, empezó trabajando en restaurantes a la edad de catorce años y más tarde estudió con chefs famosos como Roger Vergé. En 1993, después de servir como chef jefe en el venerable restaurante Le Cirque de Nueva York, abrió el Daniel en el Upper East Side, un restaurante que ayuda a definir la cocina francesa contemporánea. El Daniel rápidamente fue seguido por el popular y ecléctico Café Boulud.

Jean-Georges Vongerichten lanzó su carrera americana al preparar nuevas versiones de la cocina francesa clásica, primero en JoJo en el Upper East Side y más tarde en Jean Georges en Central Park West. Para su último restaurante inspirado en un tema, contrató a renombrados arquitectos para decorar el local. En el 66 in Tribeca se presentan reinterpretaciones de la comida china en un restaurante austero diseñado por el arquitecto Richard Meier. En el Spice Market del Meatpacking District, la comida de los puestos asiáticos se sirve en un espacio caro y exótico decorado por Jacques García. García también decoró un opulento interior para el V Steakhouse de Vongerichten, con columnas doradas, sillas de terciopelo y candeleros de cristal.

Quizás el restaurantero más innovador de Nueva York y el que parece estar abriendo la brecha es Stephen Hanson, jefe del grupo B. R. Guest. Su nombre quizás no sea muy conocido, pero sus restaurantes, incluyendo el comedor chic de Soho Fiamma Ostería y el Ruby Foo's Dim Sum si lo son. Actualmente él domina la categoría de restaurantes de teatro en la cocina.

Los restauranteros innovadores son expertos en crear experiencias de cenas como de teatro.

En la Cocina con Mario Batali

Mario Batali acostumbraba escribir algunas cartas cada semana pidiendo perdón a sus clientes por su restaurante insignia, Babbo Ristorante e Enoteca, quienes se quejaban acerca de la música que se tocaba a la hora de la cena. Los clientes del Babbo podían oír a Grateful Dead, Led Zeppelín y Jane's Addiction mientras disfrutaban los ravioles de cachete de res con hígado de ganso y trufas negras y pagaban cientos de dólares por una botella de vino.

Sin embargo, si alguno rehúsa este convenio, Batali ya no se siente con la obligación de justificar su gusto por la música. Él piensa que las cualidades que definen sus finas cenas están cambiando. "Tener confianza," él dice, "sustituirá la gran atención al detalle" como el sello característico de las finas cenas de ese país. Eso sólo a los comensales. Él reconoce que "no todos los platillos pueden ser una clamorosa sinfonía." Él piensa que la pasta es mejor cuando es sencilla. "Vivimos en el puente entre la sencillez y el exceso."

Batali tiene opiniones acerca de todo. Acerca de las interpretaciones intelectuales de vanguardia de los platillos, él dice, "Algunas veces tienes que hacer la cena deliciosa." En cuanto a la explosión de los restaurantes con tema él declara, "Tener un tema no es algo malo, siempre y cuando éste no te limite." Esta determinación a seguir sus convicciones lo ha lanzado a la cima y le ha otorgado numerosos premios, incluyendo las tres estrellas del New York Times, y dos populares programas de televisión.

Aunque los restaurantes de Batali no se

La cocina de Mario Batali, a pesar de sus raíces europeas, se caracteriza por una imprudente confianza y un espíritu norteamericano auténtico. Estas cualidades y su formidable talento en la cocina lo han convertido en una estrella nacional y en el propietario de una extensa constelación de restaurantes.

puede funcionar para ventaja de Batali.

Su implacable confianza ha sido una meta en la vida de Batali. Poco después de graduarse de la universidad dejó los Estados Unidos y se fue a Europa. Fue aprendiz del legendario Marco Pierre White en Londres, posteriormente estudió cocina italiana durante tres años en una pequeña aldea al norte de Italia. En febrero de 1992 regresó a los Estados Unidos, listo para entrar al escenario del restaurante. Sin embargo, su meta no era convertirse en uno de los chefs con más influencia de su generación. Simplemente él sabía cómo cocinar y tenía el valor para hacer algo diferente.

El enfoque de Batali es de agregar capas y capas de ingredientes hasta que un platillo llegue mucho más allá de lo que esperan los comensales dejándolos paralizados. Por ejemplo, los panes dulces se sirven con cebollas dulces y amargas, tocino de pato y vinagre de membrillo. "Es el tocino de pato lo que lo logra", él explica, reconociendo cómo la buena elección de un ingrediente final puede convencer basan en ningún tema en especial, tienen la intención de ser muy distintos: una pizzería italiana en un espacio que simula una estación de tren italiana (Otto Enoteca Pizzería en Greenwich Village); una tratoría estilo romano (Lupa, también en Greenwich Village); una tratoría de mariscos del sur de Italia (Esca en el Distrito de los Teatros); un restaurante español de tapas (Casa Mono en Gramercy Park); y un bar de vino (Bar Jamón, también en Gramercy Park). Sus nuevas empresas arriesgadas incluyen un carro de gelatos e Il Posto en el Meatpacking District, el cual servirá la mejor comida italiana casera.

Para los fabricantes de queso artesanal el Valle del Río Hudson y de Nueva Inglaterra, el producir queso no es sólo un medio para ganarse la vida. Es una artesanía apreciada, una ciencia exacta y una elección de tipo de vida. Los neoyorquinos acogen estos quesos locales merecedores de premios, los cuales se presentan en algunos de los restaurantes más finos de la ciudad.

QUESO ARTESANAL

Hace veinte años únicamente algunas tiendas de especialidades como la Ideal Cheese Shop y Murray's Cheese Shop vendían exclusivamente queso, la mayoría de él importado. Con el gran interés por los alimentos artesanales de todo tipo, un pequeño grupo de individuos que han probado los más finos quesos de Europa se dedicaron a aprender el oficio de hacer pequeñas cantidades de queso a mano de acuerdo a las recetas y técnicas aceptadas desde hace mucho tiempo. Empezaron a crear granjas lecheras al norte del estado de Nueva York y Nueva Inglaterra, en donde podían ganarse la vida haciendo productos de buena calidad. Actualmente, hay más de cien fabricantes de queso artesanal en Nueva York y en Nueva Inglaterra.

El queso hecho de leche de animales alimentados en pastizales adquiere una cualidad herbácea que cambia suavemente de acuerdo a las estaciones y los pastizales en donde se alimentan los animales. El noreste con su rica tierra fluvial, agua dulce de manantial y diversa vegetación, proporciona la pastura ideal para criar rebaños de borregos, cabras y vacas. Con la ventaja de estos recursos el queso Vermont Sheperd se convirtió en el primer fabricante de queso artesanal de la región para ganar la atención nacional, a principios de los años noventa, con su queso de leche de oveja cruda estilo Pirineos. La región de Nueva Inglaterra, y en particular Vermont, es el mayor productor de quesos del país.

A medida que los productores artesanales ganaron reconocimiento por sus quesos, los restaurantes empezaron a presentar las nuevas versiones a sus clientes. En 1993, Terrance Brennan abrió el Picholine cerca del Lincoln Center, un restaurante con su propia bodega de quesos. Brennan es ampliamente reconocido como el primer restaurantero que toma en serio el plato del queso. En el Picholine a los comensales se les presenta una detallada carta de quesos al final de sus alimentos. En el 2001, Brennan inauguró el Artisanal Fromagerie and Bistro, un restaurante y tienda en donde se almacenan y añejan más de trescientos quesos importados y del país en cinco bodegas de quesos. Hoy en día, muchos de los restaurantes finos de la ciudad ofrecen una sofisticada selección de quesos después de la cena. Por ejemplo, Colin Alevras del The Tasting Room y Dan Barber del Blue Hill en Greenwich Village, se enorgullecen de distribuir principalmente quesos artesanales de la región.

Tiendas de queso italianas de antaño, como Joe's Dairy en Soho y Alleva Dairy y DiPalo's Fine Foods en la Pequeña Italia continúan con la tradición de hacer queso mozzarella y ricotta frescos a diario, como lo han hecho durante un siglo o más. Estas tiendas tienen grandes partidarios de ventas al menudeo y venden sus quesos frescos a muchos restaurantes.

RONNYBROOK FARM DAIRY YOGURT

SPROUT CREEK DAIRY BARAT

SPROUT CREEK DAIRY OURAY

OLD CHATHAM SHEEPHERDING COMPANY SHEEP'S MILK RICOTTA

COACH FARM GOAT CHEESE

UP A CREEK FARM ABBEY RAW SHEEP'S MILK CHEESE

YOGURT DE LA GRANJA RONNY-BROOK FARM

La dieta de las vacas de esta granja familiar en el Valle del Río Hudson resalta el sabor ácido del yogurt lácteo, ya sea hecho con leche entera o descremada. La granja Ronnybrook también hace un yogurt líquido con sabor a frutas.

RICOTTA DE LECHE DE OVEJA DE LA OLD CHATHAM SHEEPHERDING COMPANY

Old Chatham en el Valle del Río Hudson fabricó lo que puede ser el ricotta de leche de oveja más cremoso fuera de Italia. Gran parte de la producción se vende a los chefs, quienes aprecian su sabor ácido y complejo.

QUESO OURAY DE SPROUT CREEK DAIRY

Localizado en el valle del río Hudosn, la Sprout Creek Dairy es una granja de trabajo y una instalación educativa. Ruedas de queso ouray, añejado durante tres o cinco meses, tiene una proporción pequeña entre su superficie y su volumen, proporcionando al denso queso un sabor cremoso y amantequillado.

QUESO BARAT DE SPROUT CREEK DAIRY

Con un peso de 185 g a 250 g (6-8 oz) cada una, las pequeñas ruedas de queso barat desarrollan un sabor complejo a nuez con un toque de queso Cheddar de granja después de añejarse únicamente tres o cuatro meses. Este queso tiene una textura seca, firme y desmoronable.

QUESO DE CABRA DE COACH FARM

SDesde mediados de los años ochenta, la Coach Farm en el Valle del Río Hudson ha fabricado queso fresco de cabra. Con el tiempo, la granja familiar ha crecido para incluir un rebaño de más de mil cabras de los Alpes franceses, una raza que produce leche alta en grasa y proteína, ideal para hacer queso.
Los productos de Coach Farm ahora incluyen queso de cabra añejado y trozos de queso de cabra marinados en aceite de oliva y hierbas. La crema triple, con un 75% de grasa tiene una textura y un sabor amantequillados. Los quesos de Coach Farm aparecen por su nombre en los menús de muchos de los mejores restaurantes de Nueva York.

QUESO DE LECHE CRUDA DE OVEJA DE UP A CREEK FARM ABBEY

Este queso de leche cruda de oveja, añejado de cuatro a seis meses, es el único producto de los fabricantes de queso de Vermont, Frankie y Mary Beth Whitten. Tiene un sabor a nuez y una textura suave parecida a la del queso Gruyère, con sabor a hierba y un agradable picor ligero al final.
El queso sabe mejor cuando se sirve sobre un plato de quesos acompañado con algo dulce como pasta de membrillo. Esta receta fue dada por un monasterio al fabricante belga de quesos quien enseñó cómo hacer el queso a los pobladores de Whitten.

SPROUT CREEK DAIRY TOUSSAINT
JOE'S DAIRY FRESH MOZZARELLA
JOE'S DAIRY SMOKED MOZZARELLA
VERMONT BUTTER AND CHEESE COMPANY CULTURED BUTTER
HAWTHORNE VALLEY QUARK
BERKSHIRE BLUE
VERMONT BUTTER AND CHEESE COMPANY MASCARPONE

QUESO TOUSSAINT DE SPROUT CREEK DAIRY

La receta de este queso es idéntica a la del queso ouray. El toussaint es añejado en una manera similar de tres a cinco meses, pero la forma grande y plana de la rueda proporciona a este queso un diferente sabor fuerte y complejo cuando se madura.

QUESO AZUL DE BERKSHIRE

Michael G. Millar fabrica este queso en la compañía Berkshire Cheese Company en Lenox, Massachussets. El queso crudo de leche de vaca de Jersey se parece al Exmoore azul tradicional de Somerset en Inglaterra. Añejado durante nueve semanas, un periodo corto para un queso azul, tiene un sabor más suave y menos salado que otros quesos azules.

MOZZARELLA FRESCO DE JOE'S DAIRY

Las ruedas frescas del mozzarella cremoso hecho a diario en Joe's Dairy en Soho se encuentra entre los mejores de la ciudad. Esta lechería usa leche entera de vaca y cada paso del proceso se hace a mano para asegurar su calidad y consistencia.

MOZZARELLA AHUMADO DE JOE'S DAIRY

Cinco días a la semana sale el aroma ahumado de ráfagas de madera de nogal de la Joe's Dairy mientras Anthony Campanelli supervisa la producción del mozzarella ahumado. El queso ahumado retiene la textura cremosa del queso fresco pero tiene un intenso sabor a nogal.

QUESO QUARK DE HAWTHORNE VALLEY

Hawthorne Valley Farm ubicada en el norte del estado de Nueva York es parte de la Hawthorne Valley Association, conocida principalmente por su compromiso de criar animales libres de hormonas y antibióticos y por sus productos orgánicos de granja. El queso quark, que viene de la palabra alemana para "cuajo", es un queso fresco suave de la misma familia del fromage blanc y de la crème fraîche. El queso quark, una de las especialidades de la granja, tiene la textura de crema ácida y un sabor parecido a crema ácida y yogurt. Se puede usar en lugar de crème fraîche o queso ricotta.

MASCARPONE DE LA VERMONT BUTTER AND CHEESE COMPANY

Una pionera en el movimiento de quesos artesanales, la Vermont Butter and Cheese Company produce una amplia gama de productos. Uno de ellos es el mascarpone, un queso italiano fresco y terso hecho de crema y que tiene un sabor suave y ligeramente dulce.

MANTEQUILLA REFINADA DE VERMONT BUTTER AND CHEESE COMPANY

Esta mantequilla ligeramente salada, proveniente de pequeñas cantidades de crema Vermont, se parece a la mantequilla francesa por su alto contenido de grasa del 86%, su bajo contenido de agua y su delicioso sabor y aroma.

APPETIZERS AND SMALL PLATES

Los neoyorquinos tienen una permanente afición por los platillos clásicos adaptados a la cocina actual.

No se resisten a probar un nuevo aperitivo o plato pequeño hecho por un chef innovador.

Ya sea servidos en restaurantes o preparados en casa los bocadillos o platos pequeños van más allá de los comúnmente tradicionales, con versiones contemporáneas inspiradas en las recetas clásicas como la spanikopita, alitas picantes o almejas casino. A los chefs les gusta crear combinaciones con los ingredientes de la temporada como la polenta con hongos chanterelles, el foie gras con cebollas caramelizadas y los callos de hacha con achicoria, los cuales llegan a ser lo sobresaliente en los menús de los restaurantes. Platillos como los camarones (langostinos) con una crujiente ensalada, tarta de jitomate heirloom preparada con pasta de hojaldre y fideos de ajonjolí con especias son tan deliciosos que los comensales quizás ordenen sólo un bocadillo y un plato pequeño en vez de una entrada fuerte.

HEIRLOOM TOMATO TARTS WITH GOAT CHEESE

Tartas de Jitomate Heirloom con Queso de Cabra

Los jitomates heirloom los cuales también son conocidos con diferentes nombres como: Banana Legs, Extra Eros Zlatolaska y Radiador Charlie's Mortgage Lifter, vienen en innumerables formas y colores. Se cosechan por su incomparable sabor, no por su fácil transporte a los puntos de venta ni por el tiempo que pueden durar en anaquel. Durante la temporada de jitomate que va de julio a septiembre los restaurantes más finos de Nueva York, como Gramercy Tavern, Aureole y The Grocery, muestran las variedades cultivadas en las granjas locales de Blooming Hills o Eckerton Hills.

1. Precaliente el horno a 200°C (400°F). En un tazón pequeño mezcle dos tercios de las tiras de albahaca, el ajo picado y los jitomates pequeños en mitades. Añada ¼ taza del aceite de oliva, sazone al gusto con sal y mezcle ligeramente. Reserve las tiras de albahaca restantes.

2. Coloque la pasta hojaldrada en una superficie de trabajo ligeramente enharinada. Corte la hoja en 6 rectángulos, cada uno de aproximadamente 10 x 13 cm (4 x 5 in). Coloque los rectángulos en una charola de horno y pique por todos lados con un tenedor para prevenir que se esponjen. Hornee de 10 a 12 minutos hasta que estén ligeramente dorados. Retire del horno y reserve en la charola de horno. Deje el horno prendido.

3. Mientras tanto, en un tazón pequeño, utilizando un tenedor, machaque el queso de cabra. Lentamente vierta la leche mezclando hasta tener una mezcla con consistencia tersa, pero no muy líquida. Tal vez no necesite toda la leche.

4. Corte los jitomates grandes en rebanadas de 12 mm (½ in) de grueso y sazone con sal. Coloque una cucharada copeteada de la mezcla de queso de cabra en cada rectángulo de pasta y cuidadosamente cubra la superficie. Utilizando sólo las rebanadas grandes de jitomate, colóquelas en el centro (reserve las otras para otros usos), coloque una rebanada en cada tarta. Hornee las tartas cerca de 5 minutos, hasta que se hayan calentado completamente.

5. Coloque las tartas en platos individuales. Sazone los cuartos de jitomate con sal y esparza alrededor de las tartas, dividiéndolos uniformemente. Cubra cada tarta con un poco de la mezcla de jitomate y albahaca, vuelva a dividir uniformemente. Rocíe el aceite de oliva sobre los jitomates. Espolvoree las tiras de albahaca reservadas alrededor de cada plato y sirva de inmediato.

Sirva con un vino especiado de cuerpo medio Cabernet Franc.

---

20 ó 25 hojas de albahaca fresca, cortadas en tiras delgadas

2 dientes de ajo, finamente picados

2 tazas (375 g/12 oz) de jitomates heirloom mixtos pequeños o jitomates cereza a la mitad

¼ taza (60 ml/2 fl oz) de aceite de oliva extra virgen, más el necesario para rociar

Sal de mar

1 hoja de pasta de hojaldre congelada de buena calidad, de aproximadamente 25 x 30 cm (10 x 12 in), parcialmente descongelada 155 g (5 oz) de queso de cabra fresco

Cerca de ½ taza (125 ml/4 fl oz) de leche entera

1 jitomate heirloom rojo black krim, branywine o Cherokee morado

1 jitomate heirloom amarillo o blanco, Hugh's o great white

6 jitomates zebra verdes u otro jitomate mediano, partidos en cuatro

Rinde 6 porciones

Jardinería Urbana

Acostumbrados a hacer un uso creativo de los espacios pequeños, los neoyorquinos siembran hierbas en macetas en sus azoteas y salidas de emergencia, maíz en los maceteros de las ventanas y jitomates en pequeños traspatios. Incluso en algunos lotes abandonados parecen brotar espontáneamente jardines urbanos. Establecerlos no es solamente un hobby, sino también un acto político. El Green Thumb, Green Guerillas, y Just Food's City Farms toman lotes vacíos principalmente en áreas económicamente marginadas para convertirlos en fuentes de alimentos frescos. La cosecha se entrega a los miembros de la comunidad que atendieron los jardines. Cientos de dichos jardines se pueden encontrar en los cinco vecindarios.

El espacio urbano pequeño más famoso usado para propósitos agrícolas es el jardín de la azotea de Eli Zabar. Zabar es el fundador y dueño de la tienda de especialidades E.A.T., Eli's Bread y Vinegar Factory (su padre fundó la famosa tienda en el Upper West Side). A principios de los años noventa quería jitomates madurados al calor del sol y decidió sembrar algunas plantas trepadoras en el techo del Vinegar Factory. Complacido con los jitomates, él expandió su granja urbana. Ahora ésta incluye una variedad de frijoles, betabeles y otros productos.

SPINACH AND FETA ROLLS

Rollos de Espinaca y Queso Feta

Los merenderos y cafeterías manejados por griegos son parte de Nueva York. En ellos se sirve comida familiar como hot cakes y omelets así como pasteles y pays tipo americano exhibidos en vitrinas giratorias de cristal. Las cocinas también preparan deliciosos platillos griegos caseros, incluyendo los sándwiches gyro envueltos en pan árabe, grandes ensaladas crujientes aderezadas con fuertes vinagretas, cacerolas de berenjena conocidas como moussaka y, siempre, el spanikopita, un pay de espinaca y queso feta preparado con pasta filo. En esta receta mostramos el popular platillo en porciones individuales, ideal para servirse como un elegante bocadillo o primer plato.

2 kg (4 lb) de espinacas (4 manojos aproximadamente)

Sal de mar y pimienta recién molida

¼ taza (60 ml/2 fl oz) de aceite de oliva extra virgen

1 cebolla amarilla o blanca grande, finamente picada

¾ taza (30 g/1 oz) de perejil liso (italiano) finamente picado

¼ taza (10 g/⅓ oz) de eneldo fresco, finamente picado

3 cebollitas de cambray, únicamente la parte blanca y verde claro, finamente picadas

½ taza (75 g/2½ oz) de piñones

250 g (½ lb) de queso feta, desmoronado

6 hojas de pasta filo, cada una de 30 x 45 cm (12 x 18 in), descongeladas durante la noche en el refrigerador si estuvieran congeladas

4 cucharadas (60 g/2 oz) de mantequilla sin sal, derretida

Rinde 6 porciones

1 Enjuague la espinaca 2 ó 3 veces en agua, desechando los tallos duros y cualquier hoja dañada. Escurra ligeramente en un colador. Lleve una olla grande con agua a ebullición sobre fuego alto. Sale generosamente el agua. Añada la espinaca y mezcle cerca de 1 minuto, hasta que se marchite. Pase la espinaca a un colador y enjuague con agua fría. Usando sus manos, exprima el exceso de humedad. Pase a una tabla para picar y pique toscamente. Coloque en un tazón grande.

2 En una sartén sobre fuego medio-alto caliente el aceite de oliva. Añada la cebolla y cocine 6 u 8 minutos, hasta que esté transparente y ligeramente dorada. Integre el perejil, eneldo y cebollitas y sazone al gusto con sal y pimienta. Pase al tazón y mezcle con la espinaca.

3 Coloque los piñones en una sartén sobre fuego medio y tueste, de 5 a 7 minutos, sacudiendo la sartén ocasionalmente, hasta que aromaticen y se doren. Añada los piñones a la espinaca. Agregue el queso feta y mezcle hasta integrar.

4 Precaliente el horno a 190ºC (375ºF). Tenga lista una charola para hornear con bordes cubierta con papel encerado (para hornear). Corte las hojas de pasta filo longitudinalmente a la mitad y coloque entre capas de papel encerado (para hornear) y cubra con un trapo ligeramente húmedo para prevenir que se desmoronen. Trabajando con la mitad de una hoja a la vez, barnice ligeramente con la mantequilla derretida. Agregue una cucharada del relleno de espinaca a la orilla de la hoja de pasta filo, dejando un margen de 12 mm (½ in) en la orilla. Doble las orillas de la pasta filo sobre el relleno y enrolle para formar un cilindro. Coloque sobre la charola para hornear con la unión hacia abajo. Usando un cuchillo filoso, haga 2 cortes diagonales sobre la superficie de cada cilindro. Barnice ligeramente las cubiertas con la mantequilla derretida restante.

5 Hornee de 20 a 25 minutos, hasta dorar. Deje enfriar en la charola de 5 a 10 minutos. Sirva calientes en platos individuales o en un platón de servicio.

Sirva con un vino tinto especiado como el Cabernet Franc.

SAUTÉED FOIE GRAS WITH CARAMELIZED ONIONS AND GRAPES

Foie Gras Salteado con Cebollas Caramelizadas y Uvas

El Valle del Río Hudson, al norte de la ciudad de Nueva York, comprende un tesoro de recursos culinarios, desde granjas de manzanas y productores de vino hasta fabricantes artesanales de alimentos. Waldy Malouf, autor del libro The Hudson River Valley Cookbook, cocinó en muchas de las mejores cocinas de Manhattan incluyendo la de los hoteles Four Seasons, La Côte Basque y St. Regis, antes de abrir el restaurante Beacon en Midtown en donde se especializa en alimentos del Valle del Río Hudson. El foie gras producido por Hudson Valley Foie Gras, conocido en todo el país como uno de los mejores, es un alimento básico en el menú del Beacon, el cual sirve una versión de esta receta usando manzanas locales.

1 Retire cuidadosamente los restos de membrana que hayan quedado en el foie gras. Si hay dos lóbulos de foie gras, jale suavemente para apartarlos. Si no se separan fácilmente, use un cuchillo para cortar las venas que los mantienen unidos. Examine las áreas dentro de los dobleces; si ve bilis verde retírela con un cuchillo. (Este paso es muy importante ya que si queda alguna pequeña porción de bilis puede hacer que todo el hígado sepa amargo). Toque suavemente cada lóbulo por dentro con la punta de sus dedos. Cuando localice la vena más grande jale hacia fuera con cuidado, siguiéndola a lo largo con la punta de sus dedos. Quizás la vena tenga algunas ramificaciones que vayan en diferentes direcciones; retire lo más que pueda.

2 Usando un cuchillo largo y filoso corte el foie gras a lo ancho en 12 rebanadas, cada una de 12 mm ($\frac{1}{2}$ in) de grueso. Envuelva las rebanadas con plástico adherente y refrigere hasta el momento de usarse.

3 Ponga a hervir en una olla grande tres cuartas partes de agua. Añada las cebollas, vuelva a hervir el agua y cocine un minuto. Usando una cuchara ranurada, pase las cebollas a un colador, enjuague bajo el chorro de agua fría y escurra. Usando un cuchillo filoso, corte la raíz, el tallo y las puntas de cada cebolla. Pique cada cebolla para despegarla de su piel. Vuelva a hervir el agua, añada sal, agregue las cebollas sin piel y cocine cerca de 8 minutos, hasta que estén suaves. Escurra, enjuague bajo el chorro de agua y vuelva a escurrir. Reserve.

4 En una sartén derrita la mantequilla sobre fuego medio. Añada las cebollas y la miel y saltee cerca de 5 minutos, mezclando continuamente y girando las cebollas en la sartén, hasta que se caramelicen y doren. Reserve.

5 Caliente otra sartén sobre fuego alto hasta que esté muy caliente. Sazone ambos lados de las rebanadas de foie gras con sal y pimienta. Coloque las rebanadas en la sartén caliente y selle de 1 a 2 minutos, hasta que esté caramelizado y dorado. Voltee y selle por el segundo lado de 1 a 2 minutos, hasta que se caramelice y dore. Pase a un plato y cubra holgadamente con papel aluminio para mantener caliente.

6 Añada las cebollas reservadas, uvas, caldo, vinagre y brandy a la sartén. Deje hervir sobre fuego medio-alto y cocine cerca de 5 minutos, hasta que el líquido espese.

7 Acomode una o dos rebanadas de pan tostado en cada plato individual. Coloque una rebanada de foie gras sobre cada pan. Acomode las cebollas y uvas alrededor del foie gras. Bañe el foie gras con la salsa. Sirva de inmediato.

Sirva con un vino blanco de cosecha tardía como el Riesling o el Gewürztraminer.

500 g (1 lb) de foie gras fresco de ganso o pato

375 g ($\frac{3}{4}$ lb/ 12 oz) de cebollitas de cambray

Sal de mar y pimienta recién molida

2 cucharadas de mantequilla sin sal

2 cucharadas de miel de abeja

4 manojos pequeños de uvas blancas o rojas sin semilla

1 taza (250 ml/ 8 fl oz) de caldo de pollo

$\frac{1}{4}$ taza (60 ml/ 2 fl oz) de vinagre de vino blanco

2 cucharadas de brandy

12 rebanadas de pan estilo francés de aproximadamente 12 mm ($\frac{1}{2}$ inch) de grueso, tostadas

Rinde de 6 a 12 porciones

CLAMS CASINO
Almejas Casino

Se dice que las almejas casino, una tradición de la Costa Este, se originaron a principios de los años 1900 en el Narragansett Pier Casino. Quizás debido a la gran disponibilidad de almejas locales ya que durante esos tiempos Nueva York era el líder productor de almejas, con las mayores cosechas logradas en las aguas cerca de Manhattan y Long Island, se convirtieron en un antipasto común que se ofrecía en toda la ciudad de Nueva York. Hoy en día, el platillo perdura en los menús nocturnos de la Pequeña Italia y Arthur Avenue, un barrio italoamericano en el Bronx. Las almejas casino por lo general se hacen con almejas pequeñas littleneck, llamadas así por la Bahía Littleneck en Long Island.

1 pimiento rojo (capsicum) pequeño

28–30 almejas littleneck o entre 18 y 24 almejas cherrystone, bien cepilladas

1 taza (250 ml/8 fl oz) de vino blanco seco

3 ramas de perejil liso (italiano) fresco

1.5 ó 2 kg (3-4 lb) de sal de roca o kosher

PARA LA CUBIERTA

4 rebanadas de tocino

1 cucharada de mantequilla sin sal

2 cucharadas de aceite de oliva

1 cebolla amarilla o blanca, finamente picada

2 dientes de ajo, finamente picados

½ cucharadita de orégano seco, desmoronado

2 cucharaditas de vinagre de vino tinto

2 cucharadas de queso Parmesano recién rallado

1 cucharada de perejil liso (italiano) fresco, finamente picado

Sal de mar y pimienta recién molida

Rinde 6 porciones

1 Precaliente el asador del horno. Ponga el pimiento en una charola para hornear cubierta con papel aluminio y coloque debajo del asador a 15 cm (6 in) debajo de la fuente de calor. Ase, volteando conforme sea necesario, hasta que se ennegrezca por todos lados. Reserve hasta que se enfríe lo suficiente para poder tocarlo, pele retirando toda la piel quemada. No enjuague el pimiento. Parta a la mitad y retire el tallo, semillas y venas. Pique en cubos y reserve.

2 Deseche las almejas que no se cierren al tacto. Coloque las almejas en una olla grande con el vino y las ramas de perejil. Hierva sobre fuego alto, reduzca el fuego a medio, tape y deje cocer al vapor de 4 a 5 minutos, sacudiendo la olla ocasionalmente, hasta que las almejas se abran. Retire del fuego y deseche las almejas que no se hayan abierto. Reserve para enfriar.

3 Cubra la base de una charola para hornear con bordes o una sartén grande para hornear con una capa de 12 mm (½-inch) de sal kosher. Cuando las almejas estén lo suficientemente frías para poder tocarse, retire y deseche la tapa de la concha, dejando la carne de la almeja en la base de la concha. Coloque las almejas con sus conchas sobre la sal, presionándolas contra la sal para que queden estables.

4 Para preparar la cubierta, en una sartén gruesa sobre fuego medio-bajo fría las rebanadas de tocino de 7 a 8 minutos, volteando ocasionalmente hasta que estén crujientes. Pase a toallas de papel para escurrir. En una sartén grande sobre fuego medio derrita la mantequilla con el aceite de oliva. Añada las cebollas y saltee de 5 a 7 minutos, hasta que estén suaves y traslúcidas. Agregue el ajo y el orégano y saltee cerca de 2 minutos, justo hasta que el ajo aromatice y esté ligeramente dorado. Desmorone el tocino y mezcle. Agregue los cubos de pimiento, vinagre, Parmesano, perejil picado y sal y pimienta al gusto. Retire del fuego.

5 Precaliente el asador del horno una vez más. Usando una cuchara coloque la cubierta sobre las almejas, dividiéndola uniformemente. Coloque debajo del asador aproximadamente a 15 cm (6 in) de la fuente de calor. Ase cerca de 4 minutos, hasta que la cubierta esté totalmente caliente.

6 Para servir, cubra un platón grande con una capa de 12 mm (½-inch) lde sal kosher o sal de roca. Usando unas pinzas, coloque las almejas calientes sobre la sal, presionándolas contra la sal para que queden estables. Sirva de inmediato.

Sirva con un vino blanco seco y afrutado como el Sauvignon Blanc.

SPICY SESAME NOODLES

Fideos Sazonados al Ajonjolí

Ordenar comida china para llevar es un ritual en Nueva York y ninguna orden está completa sin un recipiente de estos fideos cubiertos con una salsa dulce y sedosa espolvoreada con chiles. Aunque el origen de este platillo icono es desconocido, las versiones Hunan y Sichuan se encuentran en muchos restaurantes chinos. El chef Jean-Georges Vongerichten sirve su propia versión compuesta por vermicelli delgado bañado con salsa de cacahuate, pepino, manzana verde y cebollitas de cambray, en su restaurante chino llamado 66 in Tribeca.

1. Ponga a hervir agua en una olla grande sobre fuego alto. Sale el agua generosamente, agregue los fideos frescos y unas gotas de aceite de ajonjolí, mezcle los fideos para evitar que se peguen. Cocine cerca de 3 minutos, hasta que estén suaves. (Si utiliza pasta seca, siga el tiempo que indican las instrucciones del paquete). Escurra y enjuague perfectamente bajo el chorro del agua fría y vuelva a escurrir. Pase los fideos a un tazón grande, añada 2 cucharadas del aceite de ajonjolí y revuelva para cubrir. Tape y refrigere por lo menos una hora, hasta que estén fríos.

2. En un procesador de alimentos o licuadora mezcle las 2 cucharadas restantes del aceite de ajonjolí, una cucharadita de sal de mar, mantequilla de cacahuate, tahini, vinagre de arroz, aceite de chile, jalapeño, jengibre, ajo, azúcar, pimienta y una taza de té preparado; procese hasta que esté terso. Añada más té si fuera necesario para que la salsa esté lo suficientemente líquida para cubrir los fideos. Sazone al gusto con más sal y pimienta si fuera necesario.

3. Pele y retire las semillas del pepino y corte en bastones de 5 cm (2 in). Pele las zanahorias y corte en bastones de 5 cm (2 in).

4. Justo antes de servir añada la salsa, pepinos, zanahorias y cebollitas a los fideos y mezcle para cubrir uniformemente. Si los fideos están pegajosos, agregue un poco más de té y vuelva a mezclar. Sirva de inmediato, decorando con el cilantro, si lo desea.

Sirva con un vino blanco seco como el Gewürztraminer o con una cerveza ligera.

Sal de mar

500 g (1 lb) de fideo de huevo chino seco o fresco o linguine seco

4 cucharadas (60 ml/2 fl oz) de aceite asiático de ajonjolí, más el necesario para cocinar

¾ taza (235 g/7½ oz) de mantequilla de cacahuate cremosa

2 cucharaditas de tahini

2 cucharadas de vinagre de arroz

1 cucharada de aceite de chile asiático o salsa picante Hunan

1 chile jalapeño, partido a la mitad y sin semillas

2–3 cucharadas de jengibre fresco, sin piel y rallado

1 diente de ajo, sin piel y picado

2 cucharadas de azúcar

1 cucharadita de pimienta negra o blanca recién molida

1 taza (250 ml/8 fl oz) de té negro preparado o caldo de pollo o el necesario, a temperatura ambiente

1 pepino inglés

3 zanahorias pequeñas

2 cebollitas de cambray, únicamente la parte blanca y verde claro, en rebanadas delgadas

Hojas de cilantro fresco, para decorar (opcional)

Rinde 6 porciones

Órdenes para Llevar

Si hay una cosa que distingue la forma de comer de Nueva York de cualquier otro lugar de los Estados Unidos o posiblemente del mundo, es que los neoyorquinos pueden tener cualquier alimento que se les antoje entregado hasta su propia puerta o escritorio. La cena en casa a menudo no inicia prendiendo la estufa sino viendo los menús de comida para llevar deslizados clandestinamente debajo de sus puertas. Curries tai, sushi japonés, *mezedes*, griegos, pastas italianas, vindaloos de la India, moles mexicanos y BBQ del sureste, la selección es amplia. A pesar de esto la comida china, especialmente la Hunan, Sichuan y cantonesa, es la principal selección de comida para llevar de los neoyorquinos.

Ordenar comida es un ritual tan acostumbrado en las oficinas que muchas compañías grandes tienen como política pagar las cenas que piden sus empleados cuando se quedan a trabajar hasta tarde en sus escritorios. Las tiendas del barrio al igual que los restaurantes están dispuestas a llevar los alimentos, cobrando rara vez un cargo mínimo. Si un cliente ordena algo se lo llevan sin importar si es un litro de helado o un sándwich de pavo. Los repartidores pedaleando sus bicicletas alrededor de la ciudad cargando una bolsa a cada lado de su manubrio, son parte del escenario de las calles al igual que los taxis amarillos.

BAY SCALLOPS WITH PANCETTA, RADICCHIO, AND PESTO

Callo de Hacha con Pancetta, Achicoria y Pesto

Jonathan Waxman, quien impresionó a los neoyorquinos en los años ochenta en el Jams en el Upper West Side ha regresado con su restaurante Barbuto, en el West Village. Él vivió anteriormente en el norte de California y sus fundamentos de cocina se basan en la práctica de usar los mejores productos locales de temporada y combinarlos en formas sublimes. Durante los meses de verano, Waxman sirve callos de hacha de la localidad cosechados en las aguas que rodean Long Island. Él sella rápidamente estos delicados mariscos para mantener su sabor dulce y anuezado y los sirve con jugosos jitomates, achicoria crujiente y un sencillo pesto de albahaca.

PARA EL PESTO

2 tazas (60 g/2 oz) de hojas de albahaca fresca, empacadas holgadamente

2 dientes de ajo

½ taza (125 ml/4 fl oz) de aceite de oliva extra-virgen

1 kg (2 lb) de callo de hacha

2 cucharadas de mantequilla sin sal

200 g (¼ lb) de pancetta, cortada en tiras de 6 mm (¼ inch) de ancho

1 ó 2 cabezas de achicoria, sin corazón y cortada en tiras delgadas

2 jitomates grandes, sin piel ni semillas (página 187), en dados pequeños

Rinde de 6 a 8 porciones

1 Para preparar el pesto, coloque la albahaca y el ajo en una licuadora o procesador de alimentos y procese para picar muy finamente. Añada el aceite de oliva y procese para formar una pasta que tenga cierta textura. Ponga el pesto a un tazón y reserve.

2 Enjuague los callos de hacha y seque. En una sartén grande sobre fuego medio derrita la mantequilla y caliente hasta dorar. Añada la pancetta y saltee 2 ó 3 minutos, hasta que esté dorada. Pase a un plato pequeño. Aumente el fuego a medio-alto, añada los callos y cocine cerca de 2 minutos por lado, volteando una vez, hasta dorar. Añada el pesto y la pancetta y mezcle rápidamente para cubrir los callos. Añada la achicoria y mezcle bien.

3 Divida los callos y la achicoria entre platos individuales precalentados, cubra con los jitomates y sirva de inmediato.

Sirva con un vino rosado fresco como el Wolffer Estates o el Channing Daughters.

GRAVLAX WITH MUSTARD-DILL SAUCE
Gravlax con Salsa de Eneldo a la Mostaza

Los neoyorquinos están enamorados del salmón, ya sea el clásico salmón ahumado sobre bagels; los filetes asados, sellados o cocidos comúnmente usados en muchos menús o la tártara de salmón servida en restaurantes con inspiración asiática. El gravlax, salmón curado en sal, azúcar y eneldo es una especialidad sueca, tradicionalmente acompañado con una salsa de mostaza al eneldo y servido como aperitivo. Marcus Samuelsson del Aquavit en Midtown es el embajador culinario de Suecia en Nueva York. Esta receta, basada en una de sus favoritas, añade semillas de cilantro e hinojo al igual que eneldo fresco a los sazonadores. Sirva el gravlax con pan tipo galleta, si lo desea.

1 Utilizando un mortero con su mano machaque ligeramente los granos de pimienta y las semillas de cilantro e hinojo. Incorpore el azúcar y la sal. Pase sus dedos suavemente sobre el filete de salmón para localizar las espinas y retírelas con unas tijeras resistentes o unas tenazas de punta de aguja. Coloque el salmón en un platón extendido, unte un puño de la mezcla de sal en ambos lados y acomode el filete con la piel hacia abajo. Espolvoree con la mezcla de sal restante.

2 Corte los tallos y frondas del bulbo de hinojo y deseche. Retire la capa exterior del bulbo si está muy dura y corte las partes decoloradas. Corte el bulbo longitudinalmente en cuartos y retire las partes duras de la base. Corte los cuartos a lo largo en rebanadas de 6 mm (¼ inch) de ancho. Pique toscamente los manojos de eneldo y las ramas de cilantro. Cubra el salmón con las rebanadas de hinojo, eneldo y cilantro. Tape el platillo y deje reposar en un lugar fresco durante 6 horas. Pase al refrigerador y deje curar por lo menos 30 horas o hasta 36 horas.

3 Para hacer la salsa de mostaza al eneldo, mezcle en una licuadora o en un procesador de alimentos las mostazas, azúcar, vinagre, espresso, una pizca de sal y una pizca de pimienta. Con la máquina en movimiento, añada el aceite en un chorro continuo y lento y procese hasta que la salsa espese y se vuelva cremosa. Pase a un tazón e incorpore el eneldo. Tape y refrigere por lo menos durante 4 horas o hasta por toda la noche para permitir que los sabores se mezclen.

4 Para servir, retire los sazonadores del gravlax. Corte en contra del grano en rebanadas delgadas. Sirva frío en platos individuales con la salsa de mostaza a un lado. Si lo desea, decore con las rebanadas de limón y una rama de hinojo.

Sirva con un vaso de aquavit frío o un vino espumoso muy seco con cuerpo.

2 cucharadas de granos de pimienta blanca

1 cucharada de semillas de cilantro

1 cucharada de semillas de hinojo

1 taza (250 g/8 oz) de azúcar

½ taza (125 g/4 oz) de sal de mar

1 filete de salmón de 1.25 ó 1.5 kg (2½–3 lb), con piel

1 bulbo de hinojo

2 manojos de eneldo fresco con sus tallos

4 ramas de cilantro fresco

PARA LA SALSA DE MOSTAZA AL ENELDO

2 cucharadas de mostaza de miel

2 cucharaditas de mostaza Dijon

1 cucharada de azúcar

1½ cucharada de vinagre de vino blanco

1 cucharada de espresso o un café fuerte, frío

Sal de mar y pimienta recién molida

¾ taza (180 ml/6 fl oz) de aceite de uva prensada o de canola

⅓ taza (15 g/½ oz) de eneldo fresco, picado

Rebanadas de limón y eneldo fresco en rama, para decorar (opcional)

Rinde de 10 a 12 porciones

SHRIMP WITH CITRUS AIOLI AND RADICCHIO AND ENDIVE SLAW

Camarones con Alioli de Cítricos y Ensalada de Achicoria y Endibias

Mary Redding dueña y chef del restaurante Mary's Fish Camp, originaria de Florida, tiene un pequeño restaurante localizado en una pintoresca esquina en el West Village, el cual se dedica a consentir a los neoyorquinos amantes de los mariscos. Los clientes hacen fila antes de que abra el restaurante esperando disfrutar dichos platillos de la costa como los ostiones en su concha, sándwiches de bacalao, bollos de langosta y pays de langosta guisada. Ella utiliza variedades locales de la temporada desde la región al norte y al sur de la costa este, incluyendo los cangrejos de piedra de la Florida y la langosta desde Long Island hasta Maine. Estos camarones crocantes servidos con alioli cítrico y ensalada crujiente son una especialidad de la casa.

PARA EL ALIOLI

1 yema de huevo

1 taza (250 ml/8 fl oz) de aceite de canola

1 cucharada de ralladura de limón y la misma cantidad de ralladura de lima

2 cucharadas de jugo de limón y la misma cantidad de jugo de lima, frescos y colados

Sal de mar y pimienta recién molida

PARA LA ENSALADA

2 cabezas de endibia belga (chicoria/witloof)

1 cabeza de achicoria, rallada

½ taza (20 g/¾ oz) de perejil liso (italiano) fresco, picado

1 cucharada de orégano y la misma cantidad de tomillo y estragón, frescos y picados

3 cucharadas de aceite de oliva extra virgen

1 cucharada de vinagre de jerez

1 cucharadita de mostaza Dijon

12 camarones grandes (langostinos)

Aceite de cacahuate o de canola para fritura profunda

1 taza (155 g/5 oz) de harina de trigo (simple)

⅓ taza (60 g/2 oz) de galletas saladas molidas

Rinde 4 porciones

1. Para preparar el alioli, en un tazón bata la yema de huevo hasta dejar tersa. Batiendo constantemente empiece a agregar el aceite gota a gota. Una vez que se haya formado una emulsión, agregue el resto del aceite en un chorro delgado y continuo mientras sigue batiendo. Agregue las ralladuras de lima y limón así como los jugos y bata hasta incorporar por completo. Sazone al gusto con sal y pimienta. Tape y refrigere hasta el momento de usar.

2. Para preparar la ensalada, parta a la mitad las cabezas de endibia, corte y retire los corazones o núcleos, rebane las hojas transversalmente en tiras de 6 mm (1/4 in) de grueso. En un tazón mezcle la endibia, achicoria, perejil, orégano, tomillo y estragón. En un tazón pequeño bata el aceite de oliva con el vinagre de jerez y mostaza. Sazone al gusto con sal y pimienta. Rocíe sobre la endibia y achicoria y mezcle para cubrir. Tape y refrigere mientras prepara los camarones.

3. Trabajando con un camarón a la vez y usando unas tijeras filosas corte a lo largo de la parte posterior del caparazón. Afloje cuidadosamente el caparazón por ambos lados del camarón, pero deje el caparazón y la cola en su lugar. Levante y deseche la parte oscura del intestino que parece una vena. Enjuague el camarón bajo el chorro de agua fría. Seque con toallas de papel.

4. En una sartén grande sobre fuego alto vierta la misma cantidad de aceite de cacahuate que de canola hasta obtener una profundidad de 4 cm (1½ in). Caliente hasta que marque 180ºC (350ºF) en un termómetro de fritura profunda.

5. En un tazón mezcle la harina con la galleta molida. Añada los camarones y mezcle para cubrir. Retire los camarones, uno a uno, sacudiendo el exceso de la mezcla de harina. Coloque en el aceite caliente y fría aproximadamente 3 minutos, volteando una vez, hasta que los caparazones estén ligeramente dorados y los camarones de color rosado. Usando una cuchara ranurada pase a toallas de papel y deje escurrir durante 10 segundos. Mientras los camarones aún están calientes sazone generosamente ambos lados con sal y pimienta.

6. Divida la ensalada en platos individuales. Coloque 3 camarones y una cucharada de alioli en cada plato.

Sirva con un vino blanco fresco y cítrico como el Seyval Blanc.

BUFFALO WINGS
Alitas Búfalo

En 1964 el dueño del Anchor Bar en Búfalo, Nueva York, estaba tratando de preparar una botana en su bar para su hijo y sus amigos. Él tomó alas de pollo, una pieza de pollo que usualmente es relegada a la olla de caldo, y las frió y después las mezcló con una picante "salsa secreta". Hoy en día las alas aparecen comúnmente entre los alimentos servidos en los bares de Nueva York, en lugares como Fanelli's, una institución en Soho, y en Chumley's la última taberna clandestina en el West Village. Esta versión clásica servida con una salsa de remojo hecha de apio y queso azul, se ha actualizado con harissa e hinojo al igual que con bastones de pimiento y zanahoria.

1. Corte los tallos y hojas del bulbo de hinojo y deseche. Deseche la capa exterior del bulbo si está muy dura y corte cualquier parte que esté decolorada. Parta el bulbo longitudinalmente en cuartos y retire las partes duras de la base. Corte los cuartos longitudinalmente en tiras delgadas. Sumerja el hinojo, apio, zanahorias y pimiento rojo en agua con hielo para que se enfríen, por lo menos 30 minutos.

2. Para preparar la salsa de remojo, en un tazón pequeño bata la mayonesa con el buttermilk o yogurt. Integre el queso azul y sazone al gusto con sal y pimienta. Tape y refrigere hasta el momento de servir.

3. Corte las puntas de cada ala de pollo, deseche o reserve para hacer caldo. Corte el ala a la mitad en la articulación para hacer 2 piezas. Enjuague y seque con toallas de papel.

4. En una sartén gruesa sobre fuego alto derrita la mantequilla con la salsa picante. Integre el vinagre, harissa (si la usa), la salsa Tabasco y 1/4 cucharadita de pimienta. Retire del fuego y reserve.

5. En una sartén gruesa sobre fuego alto vierta suficiente aceite para obtener una profundidad de 2.5 cm (1 in). Caliente hasta que marque 190°C (350°F) en un termómetro de fritura profunda. Trabajando en tandas para prevenir amontonamientos, agregue una capa de piezas de pollo y fría de 6 a 8 minutos, volteando las piezas con pinzas, hasta dejar doradas y crujientes. Escurra sobre toallas de papel.

6. Revuelque las piezas de pollo en la mezcla de mantequilla. Pase a un platón de servicio. Escurra las verduras y acomode en el platón. Sirva con la salsa de remojo.

Sirva con una cerveza oscura como la Brooklyn Lager.

1 bulbo de hinojo

4 tallos de apio, partidos a la mitad y cortados en bastones de 10 cm (4 in)

4 zanahorias, sin piel, partidas a la mitad y cortadas en bastones de 10 cm (4 in)

1 pimiento rojo (capsicum), sin semillas y cortado en tiras delgadas

PARA LA SALSA DE REMOJO DE QUESO AZUL

½ taza (125 ml/4 fl oz) de mayonesa

½ taza (125ml/4 fl oz) de buttermilk o yogurt

125 g (¼ lb) de queso azul, desmoronado (cerca de 1 taza)

Sal de mar y pimienta recién molida

1.5 kg (3 lb) de alas de pollo

4 cucharadas (60 g/2 oz) de mantequilla sin sal

¼ taza (60 ml/2 fl oz) de salsa picante

1 cucharada de vinagre de manzana

1 cucharada de harissa (opcional)

Un chorrito de salsa Tabasco

Pimienta recién molida

Aceite de canola, para fritura profunda

Rinde 6 porciones

Cervecerías en Nueva York

Hace como un siglo Nueva York tenía 77 cervecerías, de las cuales casi cincuenta de ellas se localizaban en Brooklyn. En los tiempos de la Prohibición del Alcohol había tantas en el distrito de Williamsburg que una zona de diez cuadras fue bautizada con el nombre de Brewers Row (hilera de bebedores). Sin embargo, en las siguientes décadas el número de cervecerías disminuyó. Pero en 1996 la industria cervecera volvió a aparecer con la inauguración de la Cervecería de Brooklyn en una antigua fundición de acero en Williamsburg. El nombre Brewers Row también resurgió y ahora se refiere a la calle Once Norte, en donde se localiza la cervecería. El producto más conocido de la Cervecería Brooklyn es la cerveza Lager, pero al igual que muchas cervecerías pequeñas hace cervezas especiales de temporada como la Pumpkin Ale, una cerveza de la colonia? con el color y aroma de las calabazas de invierno.

Desde Carnagie Hill Brewing Company al norte de la ciudad hasta Chelsea Brewing Company en el centro, se pueden encontrar cantinas o bares de cerveza por todos lados. Bierkraft es una tienda en Brooklyn que se especializa en cervezas de compañías pequeñas. Entre los cientos de variedades que se ofrecen se encuentran las de la cervecería Blue Point Brewing en Patchogue y las de Southampton Public House, ambas localizadas en Long Island.

POLENTA CROSTINI WITH CHANTERELLES
Crostini de Polenta con Hongos Chanterelles

La polenta en muchas de sus formas, suave o cremosa o convertida en panes crujientes, enriquecida con queso mascarpone o pecorino, se encuentra en los menús de muchos restaurantes aunque su especialidad sea la cocina italiana, francesa o americana. El suave sabor de la polenta hace que sea la perfecta cama para las verduras salteadas, carnes asadas u hongos como los chanterrelles que cubren estos pequeños crostinis del tamaño de un bocado. Estos hongos dorados tienen aroma de chabacano y se dice que saben más a flores que a hongos. Buscando al norte del estado de Nueva York empiezan a aparecer en los menús del verano y se terminan en el otoño.

PARA LA POLENTA
1 hoja de laurel

Sal de mar y pimienta recién molida

2 cucharadas de aceite de oliva

1 taza (155 g/5 oz) de polenta

1 cucharada de mantequilla sin sal

PARA LOS HONGOS
4 cucharadas (60 g/2 oz) de mantequilla sin sal

3 chalotes, finamente picados

250 g (½ lb) de hongos chanterelle, cepillados, cortados y toscamente picados

Sal de mar y pimienta recién molida

½ taza (125 g/4 oz) de queso mascarpone

2 cucharadas de perejil liso (italiano) fresco, picado

trozo de queso Parmesano

Rinde de 8 a 10 porciones

1 Para preparar la polenta, coloque en una olla 4 tazas (1 l/32 fl oz) de agua y hierva sobre fuego medio-alto. Agregue la hoja de laurel, una cucharada de sal y una cucharada de aceite de oliva. Añada gradualmente la polenta en un chorro delgado y continuo, batiendo constantemente para evitar que se formen grumos. Cuando haya agregado toda la polenta, reduzca el fuego a bajo y continúe moviendo con una cuchara de madera cerca de 30 minutos, hasta que la polenta se espese, parezca una avena y se despegue de las orillas de la olla. Retire la hoja de laurel.

2 Enjuague un refractario o un traste de cerámica de 20 x 25 cm (8 x 10 in) y no lo seque. Inmediatamente vierta la polenta en el refractario. Debe tener una profundidad de aproximadamente 12 mm (½-in) Deje reposar cerca de 30 minutos para que se enfríe y se cuaje.

3 Justo antes de servir, prepare los hongos: En una olla grande para saltear sobre fuego medio derrita las 4 cucharadas de mantequilla. Añada los chalotes y saltee cerca de 2 minutos, hasta que marchiten. Añada los chanterelles, sazone con sal y pimienta y saltee aproximadamente 4 minutos, hasta dorar. Retire del fuego y reserve.

4 Corte la polenta fría en trozos de 2.5 por 5 cm (1 in x 2 in). En una sartén grande sobre fuego medio-alto derrita una cucharada de mantequilla con la cucharada restante de aceite de oliva. Trabajando en tandas, fría las piezas hasta que estén ligeramente doradas por cada lado, aproximadamente 3 minutos por lado.

5 Acomode la polenta en un platón. Coloque una cucharada de queso mascarpone sobre cada pieza de polenta. Cubra con los hongos, dividiéndolos uniformemente y decore con el perejil. Usando un pelador de verduras o un cortador de queso rasure el trozo de Parmesano y coloque sobre cada crostino. Sirva de inmediato.

Sirva con un vino ligeramente especiado de cuerpo medio como el Syrah o su coctel favorito.

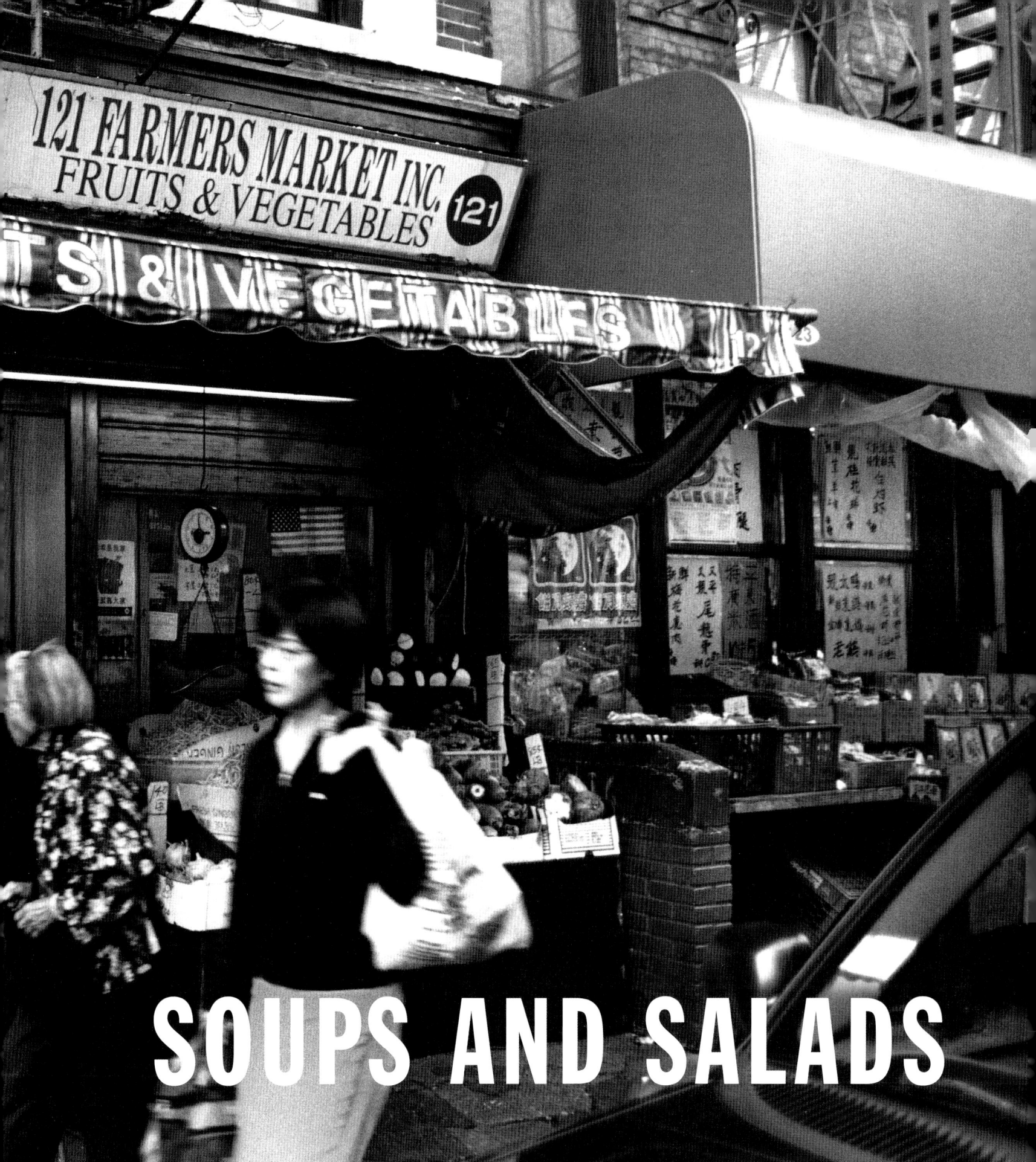

Entre el repertorio de las sopas y ensaladas consentidas algunas son las creaciones de temporada de inspiración de los chef locales mientras que otras son aportaciones de los inmigrantes.

Los neoyorquinos son prácticos cuando se trata de sopas y ensaladas. Tienen una afinidad especial por conectar recursos con historia culinaria: la ensalada de lechuga romana con un fuerte aderezo de queso azul que se sirve en los restaurantes tradicionales de carnes, la sopa de bolas de matzo de una famosa tienda de especialidades y el clásico chowder preparado con las almejas locales. Las sopas y las ensaladas se prestan para hacer presentaciones audaces de ingredientes de la temporada, como la ensalada de langosta y aguacate en el verano y la sopa de calabaza y manzana para el otoño. La sopa de frijol estilo cubano y el borscht ruso reflejan las influencias étnicas que impregnan la cocina de la ciudad.

MANHATTAN CLAM CHOWDER
Crema de Almejas Estilo Manhattan

Las personas tienen arraigadas preferencias ya sea por la crema de almejas estilo Nueva Inglaterra o por la versión de Manhattan con base de jitomate. El crédito de la invención de esta sopa probablemente data de la época en que los primeros inmigrantes franceses llegaron a Canadá. Algunos creen que los habitantes de Rhode Island fueron los primeros en añadir jitomates, otros creen que la versión de Manhattan desciende de los chowders vendidos en los puestos de comida de Coney Island. Una teoría más probable considera que fue inventada por el pescadero William H. Winter's, quien era dueño del original Fulton Fish Market a principios de los mil novecientos. Esta receta es del oriundo neoyorquino Rick Moonen, del restaurante RM.

1. Coloque las almejas quahog o littleneck en una olla ancha, desechando las que no se abran al tacto. Añada 2 tazas (500 ml/16 fl oz) de agua, deje hervir sobre fuego alto de 8 a 10 minutos, tape y deje cocer al vapor hasta que se abran las almejas. Pase las almejas a un tazón, desechando aquellas que no se hayan abierto y reserve el caldo de almeja en la olla. Cuando las almejas se enfríen lo suficiente para poder tocarlas, retire la carne y pique; reserve. Pase el caldo de almeja por un colador con doble capa de manta de cielo (muselina) y reserve.

2. En una olla de sopa sobre fuego alto fría el tocino de 5 a 6 minutos, moviendo ocasionalmente, hasta que esté ligeramente dorado. Añada la cebolla y el ajo, reduzca el fuego a bajo y cocine cerca de 5 minutos, moviendo ocasionalmente, hasta que la cebolla esté traslúcida. Añada el apio, zanahoria, hoja de laurel, tomillo, orégano, albahaca y hojuelas de chile y cocine cerca de 5 minutos, hasta que las verduras empiecen a suavizarse. Agregue los jitomates, cocine a fuego lento durante 10 minutos, hasta que se desbaraten. Añada las papas, jugo de almeja y caldo de almeja reservado vuelva a cocinar a fuego lento por 8 ó 10 minutos, hasta que las papas estén suaves. Pruebe la sopa y rectifique la sazón con sal y pimienta. (La sopa se puede preparar hasta este punto, dejar enfriar a temperatura ambiente y refrigerar hasta por un día. Refrigere las almejas picadas reservadas por separado. Antes de servir la sopa, recaliente ligeramente sobre fuego medio.)

3. Justo antes de servir agregue el callo de hacha y las almejas manila en sus conchas, desechando aquellas que no se abran al tacto. Cocine sobre fuego medio 4 ó 5 minutos, hasta que las almejas se abran y los callos de hacha estén opacos. Deseche las almejas que no se hayan abierto e integre ¼ taza de perejil y las almejas picadas reservadas. No permita que la sopa hierva o las almejas se pondrán duras. Integre el jugo de limón al gusto.

4. Divida la crema entre tazones individuales precalentados, asegurándose de que cada porción incluya almejas enteras y callos de hacha. Decore con perejil. Sirva de inmediato.

Sirva con un vino tinto especiado y ligero como el Pindar Syrah.

---

12 almejas tipo quahog o entre 12 y 24 almejas littleneck o cherrystone, bien cepilladas

6 rebanadas de tocino, picado

1 cebolla amarilla o blanca, en cubos

4 dientes de ajo, picados

3 ramas de apio, en cubos pequeños

2 zanahorias, sin piel y picadas en cubos pequeños

1 hoja de laurel

1 cucharadita de tomillo seco y la misma cantidad de orégano y albahaca

¼ cucharadita de hojuelas de chile rojo

2 tazas (440 g/14 oz) de jitomates de lata, sin piel, escurridos y machacados

375 g (¾ lb) de papas russet, sin piel y partidas en cubos

¾ taza (180 ml/6 fl oz) de jugo de almeja embotellado

Sal de mar y pimienta negra recién molida

125 g (¼ lb) de callo de hacha

20 ó 22 almejas Manila, bien cepilladas

¼ taza (10 g/⅓ oz) de perejil liso (italiano) fresco, más el necesario para decorar

1 ó 2 cucharadas de jugo de limón fresco

Rinde 6 porciones

SOPAS Y ENSALADAS

LOBSTER AND AVOCADO SALAD

Ensalada de Langosta y Aguacate

Hasta 1910, cuando la crema de langosta que se usaba como un remedio se sirvió accidentalmente a la familia de John D. Rockefeller en su casa de veraneo en Maine, el delicioso crustáceo amantequillado no se consideraba un manjar. La langosta de Maine es la variedad más abundante que se disfruta en la costa del este, pero Montauk en la punta este de Long Island es una buena fuente de langosta local y el hogar de los pescadores de langosta desde los años de la colonia. Los chefs de Nueva York sirven la ensalada de langosta con base de mayonesa por sí sola o como relleno de panes tostados con mantequilla. Esta versión ligera se mezcla con jugo de cítricos y aceite de oliva y enriquecida con aguacate.

2 langostas vivas de aproximadamente 750 g (1½ lb) cada una o 500 g (1 lb) de carne de langosta cocida y refrigerada

1 bulbo de hinojo

10 hojas de hierbabuena o menta fresca

1 cebolla morada, cortada en medias lunas delgadas

1 diente de ajo, finamente picado

2 cucharadas de perejil liso (italiano) fresco, finamente picado

½ taza (125 ml/4 fl oz) de aceite de oliva extra virgen, más 2 cucharadas

½ naranja, su jugo

limón, su jugo y ralladura

Sal de mar y pimienta negra recién molida

250 g (½ lb) de hierbas de canónigo o arúgula miniatura

1 aguacate maduro pero firme, sin piel y en cubos

2 tazas (375 g/ 2 oz) de jitomates cereza, partidos a la mitad

Rinde 6 porciones

1 Ponga a hervir en una olla grande tres cuartas partes de agua sobre calor alto. Utilizando unas pinzas sumerja las langostas en el agua hirviendo empezando por la cabeza. Tape y cocine aproximadamente 8 minutos. Destape, retire las langostas con las pinzas y coloque en una superficie de trabajo. Cuando las langostas estén lo suficientemente frías para poder tocarlas, rompa las 2 tenazas de cada langosta y si tiene ligas o pinzas, retírelas. Usando un pequeño cuchillo filoso haga un corte longitudinal en la parte trasera de cada langosta. Retire y deseche el pequeño intestino que se encuentra en el centro de la cola, la bolsa de arena y el coral de la cabeza. Usando unas pinzas para langosta o un mazo para carne, rompa suavemente las tenazas. Retire la carne de la cola y las pinzas; parta toscamente en trozos del tamaño de un bocado. Coloque en un tazón, tape y refrigere por lo menos una hora o durante toda la noche, hasta que se enfríe.

2 Retire los tallos y frondas del bulbo de hinojo y deseche. Retire la capa exterior del bulbo si está dura y corte cualquier parte que esté decolorada. Corte el bulbo longitudinalmente en cuatro piezas y retire las partes duras de la base. Corte los cuartos de hinojo a lo ancho en rebanadas muy delgadas. Apile las hojas de hierbabuena o menta, enrolle en forma cilíndrica y corte el cilindro transversalmente en rebanadas delgadas. En un tazón grande mezcle las rebanadas de hinojo, hierbabuena o menta, carne de langosta fría, cebolla, ajo, perejil, ½ taza de aceite de oliva, jugo de naranja, ralladura de limón y la mitad del jugo de limón. Sazone al gusto con sal y pimienta y mezcle cuidadosamente hasta combinar.

3 Coloque las hierbas de canónigo en un tazón, agregue el aguacate y los jitomates, roció con las 2 cucharadas de aceite de oliva y el jugo de limón restante. Mezcle cuidadosamente a cubrir. Sazone al gusto con sal y pimienta.

4 Divida las hierbas de canónigo, aguacates y jitomates entre platos individuales. Cubra con la ensalada de langosta dividiéndola uniformemente y sirva de inmediato.

Sirva con un suave Chardonnay de Long Island que no haya estado en barrica de roble.

MIXED GREEN SALAD WITH BEETS, GREEN BEANS, AND GOAT CHEESE

Ensalada Verde con Betabel, Ejotes y Queso de Cabra

Los betabeles son muy populares durante el verano, cuando aparecen en los mercados de agricultores de la región muchas variedades y colores, como los betabeles dorados y los Chioggia de color rosa con rayas blancas. Los cocineros de Nueva York mezclan los betabeles cocidos con hierbas frescas o hinojo rebanado o los acompañan con quesos fuertes, como el queso azul o el de cabra. Al asar los betabeles éstos se caramelizan y sacan su sabor dulce. Un queso artesanal como el queso de cabra fresco de la Coach Farm en el Valle del Río Hudson es ideal para espolvorearlo sobre esta ensalada.

1 Precaliente el horno a 200ºC (400ºF). Si los betabeles aún tienen su tallo y hojas, córtelas dejando 2.5 cm (1 in) del tallo para no picar la piel (deje también la raíz adherida). Reserve las hojas verdes para otro uso. Coloque los betabeles en un refractario con agua hasta obtener una profundidad de 6 mm (¼ in). Tape y hornee cerca de una hora, hasta que se puedan picar los betabeles fácilmente con la punta de un cuchillo. Retire del horno y, cuando estén lo suficientemente fríos para poder tocarlos, pele los betabeles y corte las raíces. Reserve y deje enfriar por completo. Corte los betabeles en cubos de 6 mm (¼-in). Reserve.

2 Mientras tanto, ponga a hervir en una olla grande tres cuartas partes de agua con sal sobre fuego alto. Añada los ejotes y cocine de 4 a 7 minutos, hasta que estén suaves pero crujientes; el tiempo dependerá de su tamaño. Escurra y sumerja en un tazón con agua con hielos. Escurra y reserve.

3 Para preparar la vinagreta, en un tazón pequeño bata el chalote con el azúcar, vinagre de jerez y mostaza. Batiendo constantemente, añada el aceite de oliva en un chorro delgado continuo y después el aceite de canola. Sazone al gusto con sal y pimienta.

4 Coloque las hortalizas mixtas y los ejotes en un tazón grande. Reserve 2 cucharadas de la vinagreta y bañe las verduras con el resto. Divida las hortalizas y ejotes entre platos individuales para ensalada. Cubra con los betabeles dividiéndolos uniformemente y rocíe con la vinagreta reservada. Desmorone el queso de cabra sobre la ensalada, dividiéndolo uniformemente y sirva de inmediato.

Sirva con una refrescante y fuerte sidra como la Warwick Valley Winery Hard Cider del Valle del Río Hudson.

4 ó 6 betabeles dorados, Chioggia o rojos, aproximadamente 500 g (1 lb) en total

Sal de mar

500 g (1 lb) de ejotes verdes con las puntas cortadas o chícharos nieve con las puntas e hilos cortados

PARA LA VINAGRETA

1 chalote, finamente picado

1 cucharadita de azúcar

3 cucharadas de vinagre de jerez

1 cucharadita de mostaza Dijon

2 cucharadas de aceite de oliva extra virgen

2 cucharadas de aceite de canola

Sal de mar y pimienta recién molida

8 tazas (315 g/10 oz) de hortalizas verdes como la lechuga oakleaf, arúgula, diente de león, mizuna, achicoria y/o acedera

125 g (¼ lb) de queso de cabra fresco, a temperatura ambiente

Rinde 6 porciones

Los Chefs en el Greenmarket

Los mejores chefs de Nueva York se han dedicado a usar ingredientes de temporada de fuentes locales. En las húmedas y tempranas horas de las mañanas, los chefs vestidos de blanco deambulan por el mercado Union Square Greenmarket, el mayor de los treinta mercados de la ciudad y el centro del panorama gastronómico. En vez de recibir los perecederos por la parte trasera de sus restaurantes, ellos mismos van al mercado a elegir los productos recién llegados de la semana: espárragos y escalonias en mayo, cerezas y mazorcas de maíz en julio y ciruelas y jitomates en agosto. La recompensa por sus pesquisas se presenta en los "menús del mercado" en restaurantes como el Craft, el Union Square Café y el Tocqueville.

Entre los clientes asiduos del Greenmarket están Peter Hoffman del Savoy quien carga su bicicleta con productos de la granja Keiths y Maury Rubin llevando un cajón con cremas de la Ronnybrook Farm Dairy para la City Bakery. Se puede encontrar a Colin Alevras del Tasting Room seleccionando callos de hacha y langostas frescas de Long Island con base en Blue Moon. El padrinazgo de los chefs por sí mismo no puede apoyar a los agricultores, pero su dedicación por los ingredientes locales despierta la conciencia pública en relación a los mercados y los productores de la región.

CUBAN BLACK BEAN SOUP

Sopa Cubana de Frijol Negro

Los cubanos forman la segunda población hispana más grande en Nueva York después de los puertorriqueños. Los restaurantes cubanos y los chinos cubanos (una combinación extraña pero históricamente real) llevan mucho tiempo sirviendo tazones de la espesa y rica sopa de frijol negro. La sopa tradicional es un platillo de firma de Douglas Rodríguez, uno de los chefs más influyentes de la nación, el cual introdujo su propia cocina estilo Nuevo Latino que incluye platillos de su natal Cuba a los neoyorquinos en 1994. Como parte de la sopa aparece el sofrito, una mezcla de cebolla, ajo, pimientos, chiles, hierbas, especias y algunas veces jamón.

2 tazas (440 g/14 oz) de frijol negro seco

2 hojas de laurel

PARA EL SOFRITO

¾ taza (180 ml/6 fl oz) de aceite de oliva extra virgen

2 pimientos rojos (capsicums), sin semillas y picados

2 cebollas amarillas o blancas grandes, picadas

8 dientes de ajo, picados

2 cucharadas de orégano seco

1½ cucharada de comino molido

Sal de mar

1 cucharada de azúcar

1 cucharada de vinagre de jerez o más, al gusto

2 cucharadas de jerez seco o más, al gusto

1 cebolla morada, en cubos pequeños, para decorar

½ taza (15 g/½ oz) de hojas de cilantro fresco, para decorar

Rinde 6 porciones

1 Limpie los frijoles, desechando las semillas deformes o las arenillas. Enjuague bien los frijoles, coloque en un tazón y agregue agua hasta cubrir por 7.5 cm (3 in). Deje remojar por lo menos 4 horas o durante toda la noche. (O, si lo desea, para un remojo rápido hierva los frijoles con agua en un cocimiento rápido y cocine por 2 minutos. Retire del fuego, tape y deje reposar durante una hora.) Escurra los frijoles y coloque en una olla grande para sopa con las hojas de laurel y 4 l (4 qt) de agua. Hierva sobre fuego alto, reduzca el fuego a bajo y hierva a fuego lento cerca de 2 horas, moviendo ocasionalmente y añadiendo más agua si los frijoles se llegaran a exponer, hasta que los frijoles estén suaves.

2 Mientras tanto, haga el sofrito: En una sartén grande sobre fuego medio caliente el aceite de oliva. Añada los pimientos y saltee cerca de 5 minutos, hasta que se empiecen a suavizar. Agregue la cebolla y saltee de 10 a 12 minutos, hasta que esté transparente. Añada el ajo, orégano, comino y 1½ cucharada de sal y saltee cerca de 2 minutos más, hasta que el ajo aromatice. Retire del fuego y deje que el sofrito se enfríe ligeramente. Pase la mezcla a una licuadora o procesador de alimentos y muela 2 ó 3 minutos, hasta obtener un puré terso.

3 Añada el sofrito y el azúcar a los frijoles y hierva a fuego lento 20 ó 30 minutos, hasta que los sabores se mezclen. Integre una cucharada de vinagre y 2 cucharadas de jerez seco. Pruebe la sopa y rectifique la sazón con vinagre, jerez seco y sal. Sirva la sopa caliente en tazones y decore con los cubos de cebolla y el cilantro.

Sirva con un vaso pequeño de crema de jerez dulce

TRUFFLED WALDORF SALAD
Ensalada de Trufas Estilo Waldorf

Al maitre Oscar Tschirky del hotel Waldorf Astoria de Manhattan, se le acredita la invención de la ensalada Waldorf en 1893. La combinación de manzanas, apio y mayonesa ha logrado ser un platillo icono en los menús de los hoteles para medio día. Al crecer su popularidad se le incorporaron nueces a la mezcla crujiente. Hoy en día continúa sirviéndose la ensalada original en el hotel. Pero en el bistro del mismo hotel, Oscar's American Brasserie, el chef John Doherty sustituye la raíz de apio por tallos de apio y agrega aceite trufado al aderezo para lograr una versión contemporánea.

1. Para preparar el aderezo, en un tazón grande bata la crema ácida con la mayonesa, yogurt, jugo de limón y aceite de trufa. Sazone al gusto con sal.

2. Precaliente el horno a 180ºC (350ºF). Coloque los trozos de nuez en una charola para hornear y tueste cerca de 10 minutos, hasta que aromaticen y estén ligeramente dorados. Coloque en un plato, deje enfriar y pique toscamente, reserve.

3. Usando un pequeño cuchillo filoso pele la piel dura de la raíz de apio. Con el cuchillo corte la raíz de apio en rebanadas de 3 mm (⅛-in) de grueso. Apile las rebanadas y corte en bastones. Corte las manzanas transversalmente en rebanadas de 3 mm (⅛-inch) Apile las rebanadas y corte en bastones. Añada la raíz de apio y las manzanas al aderezo y mezcle a cubrir.

4. Acomode 3 hojas de endibia en cada plato individual. Cubra con la mezcla de manzanas, dividiéndola uniformemente y espolvoree con las nueces tostadas. Sirva de inmediato.

Sirva con un especiado y afrutado Gewürztraiminer.

PARA EL ADEREZO

1 taza (250 g/8 oz) de crema ácida

¾ taza (180 ml/6 fl oz) de mayonesa

¾ taza (185 g/6 oz) de yogurt natural

limones, su jugo

1 cucharadita de aceite de trufa

Sal de mar

1 taza (125 g/4 oz) de trozos de nuez

1 raíz de apio (celeriac) de 185 g (6 oz)

2 manzanas Granny Smith u otras manzanas verdes ácidas, descorazonadas

2 manzanas rojas Red Delicious u otras manzanas rojas dulces, descorazonadas

1 cabeza de endibias belgas, con las hojas separadas, aproximadamente 24 hojas en total

Rinde 8 porciones

Recetas Originales de Nueva York

Ya sea en el campo del arte, arquitectura, moda o comida, Nueva York es el lugar en donde se descubre qué es lo nuevo. Entre las más notables innovaciones culinarias Nueva York fue la cuna del primer restaurante en los Estados Unidos. Delmonico's marcó otro hito en cuanto abrió sus puertas en 1830 creando el primer menú a la carta.

Varios platillos clásicos surgieron de la cocina de Delmonico's. Se preparó la langosta Newberg para un capitán de navío y el Baked Alaska aunque ya existían variaciones de él, fue bautizado en el restaurante para conmemorar el nuevo territorio adquirido. La leyenda nos narra que los Benedictinos, mecenas dedicados, deben recibir crédito junto con el chef, por añadir los huevos benedictinos al menú. Los *english muffins*, por lo general la base para los huevos benedictinos, también fueron inventados en Nueva York (el panadero que los hizo era inglés, de ahí su nombre).

Elegir el nombre es muy confuso en el caso del *egg cream*, el cual no lleva ni huevos ni crema. La bebida espumosa de leche, jarabe de chocolate y agua mineral se originó en una fuente de sodas de Brooklyn a finales de los años 1800. Sin embargo, lo que se quiso decir con ese nombre continúa siendo un misterio.

BEEF, BEET, AND CABBAGE BORSCHT

Borscht de Col, Betabel y Res

Las recetas del borscht siempre han variado dependiendo de su lugar de origen, ya sea Ucrania, Polonia o Rusia, así como de las preferencias del cocinero. Algunos borschts son una abundancia de vegetales; las versiones contemporáneas tal vez usen caldo de pollo en vez de consomé de res o incluso sean vegetarianas. Esta receta empieza con un rico caldo preparado con huesos de res con tuétano, según se acostumbra en la cocina del este de Europa. El borscht es un alimento básico en algunas tiendas judías especializadas en alimentos o tiendas de lácteos, en restaurantes con terrazas en la playa Brighton en Brooklin y en Veselka un merendero ucraniano en el East Village, el cual sirve borscht frío o caliente las veinticuatro horas del día.

PARA EL CALDO

1.5 kg (3 lb) de huesos de res con tuétano

Sal de mar

1.25 kg (2½ lb) de pecho de res, sin grasa

2 tazas (440 g/14 oz) de jitomate guaje (Roma) enteros, de lata

1 cebolla amarilla o blanca, partida en cuartos

2 tallos de apio, cortados en trozos de 15 cm (6 in)

1 cucharadita de granos de pimienta negra

1 hoja de laurel

750 g (1½ lb) de betabeles rojos

2 cucharadas de vinagre de manzana, más ¼ taza (60 ml/2 fl oz), o al gusto

Sal de mar y pimienta recién molida

½ col verde pequeña, finamente rebanada, aproximadamente 2 taza (185 g/6 oz)

½ cebolla amarilla o blanca grande, partida en cubos

1 tallo de apio, partido en cubos

2 zanahorias, sin piel y finamente rebanadas

2 cucharadas de eneldo fresco picado, más el necesario para decorar

1 cucharada de azúcar o al gusto

Crema ácida, para decorar

Rinde de 10 a 12 porciones

1. Coloque los huesos en una olla grande para sopa con 4 l (4 qt) de agua y una cucharada de sal. Deje que hierva sobre fuego alto, reduzca el fuego a bajo, tape parcialmente y hierva a fuego lento cerca de una hora, retirando la espuma que se forme en la superficie. Usando una cuchara ranurada retire cuidadosamente los huesos de la olla y deseche. Añada el pecho de res, jitomates con su líquido, cebolla, apio, granos de pimienta y hojas de laurel. Hierva sobre fuego alto, reduzca el fuego a bajo, tape parcialmente y hierva a fuego lento cerca de 2 horas, hasta que el pecho de res se sienta suave al picarlo con un tenedor.

2. Pase el pecho de res a un tazón. Cuele el caldo hacia otro tazón presionando sobre los sólidos con el revés de una cuchara para extraer todo el líquido. Deseche los sólidos. Tape el pecho y el caldo y refrigere por lo menos 4 horas o durante toda la noche, hasta que el caldo esté frío.

3. Si los betabeles aún tienen sus hojas, retírelas. Corte los betabeles a la mitad o en cuartos. Ponga a hervir en una olla 2 l (2 qt) de agua sobre fuego alto. Añada los betabeles, 2 cucharadas de vinagre de manzana y una cucharada de sal. Tape y vuelva a hervir. Reduzca el fuego a medio-bajo y hierva los betabeles a fuego lento cerca de una hora, hasta que estén muy suaves, agregando más agua si fuera necesario para cubrir los betabeles. Deje que los betabeles se enfríen en su líquido de cocimiento.

4. Retire la grasa de la superficie del caldo de res frío y vierta sobre una olla colocada sobre fuego medio. Corte la carne en cubos de 6 mm (¼-in), agregue al caldo y caliente aproximadamente 10 minutos, hasta que esté tibio. Añada la col, cebolla y apio y deje cocer a fuego lento cerca de 20 minutos, hasta que estén suaves.

5. Retire los betabeles del líquido de cocimiento y cuele el líquido hacia la olla de sopa. Retire la piel y ralle los betabeles en los orificios grandes de un rallador manual. Añada el betabel rallado a la olla de sopa con las zanahorias y 2 cucharadas de eneldo. Cocine a fuego medio-bajo cerca de 15 minutos, hasta que las zanahorias estén suaves. Integre ¼ taza de vinagre y una cucharada de azúcar y sazone al gusto con sal y pimienta. Pruebe la sopa y rectifique la sazón con vinagre y/o azúcar.

6. Sirva el borscht en tazones individuales precalentados. Decore cada tazón con una cucharada de crema ácida y un poco de eneldo. Sirva de inmediato.

ICEBERG WEDGES WITH BLUE CHEESE DRESSING

Trozos de Lechuga Romana con Aderezo de Queso Azul

La lechuga romana también llamada iceberg o crisphead fue desarrollada en Doylestown, Pensilvania, hace más de un siglo. En años recientes las ensaladas de lechuga romana que alguna vez fueron ubicuas en los menús de los restaurantes se han sustituido por una mezcla de lechugas y otras hortalizas suaves. Pero las rebanadas de lechuga romana acompañadas por un aderezo espeso y delicioso de queso azul siguen siendo de los platillos preferidos de los neoyorquinos. Es tradición ordenar esta ensalada en restaurantes de carnes como The Palm, Keen's, Peter Luger's y Smith and Wolensky.

1. En un tazón pequeño bata la mayonesa, crema ácida, jugo de limón, salsa Tabasco, ¼ cucharadita de sal y ¼ cucharadita de pimienta. Integre el queso azul y 3 cucharadas de cebollín. Pruebe el aderezo y rectifique la sazón con sal, si lo desea.

2. Usando un pequeño cuchillo filoso corte el corazón de la lechuga romana. Retire y deseche las hojas exteriores si están manchadas o estropeadas. Corte la lechuga entera en 6 porciones iguales.

3. Acomode cada porción en un plato individual frío. Cubra cada porción con una generosa cantidad de aderezo, dividiéndolo uniformemente. Tal vez no necesite todo el aderezo. Decore con el cebollín y sirva de inmediato.

Sirva con un vino tinto ligeramente especiado y afrutado como el Cabernet Franc.

½ **taza (125 ml/4 fl oz) de mayonesa**

½ **taza (125 g/4 oz) de crema ácida**

limón, su jugo

Unas gotas de salsa Tabasco

Sal de mar y pimienta negra recién molida

185 g (6 oz) de trozos de queso azul, desmoronado (aproximadamente 1½ taza)

3 cucharadas de cebollín, finamente picado, más trozos de cebollín para decorar

1 lechuga romana entera, refrigerada

Rinde 6 porciones

Restaurantes de Carne en Nueva York

New York steakhouse o restaurante de carne se refiere a un tipo muy específico de restaurante. La decoración está hecha de maderas oscuras con mantelería blanca o a cuadros. Carnes curadas de alta calidad aparecen en el menú, el cual también presenta como primer plato platillos como los cuartos de lechuga romana con aderezo de queso azul y rebanadas gruesas de jitomates con cebolla. Las guarniciones acostumbradas incluyen espinacas a la crema y papas fritas, en puré o al horno. La estrella de carta de postres es el pastel de queso.

Los restaurantes de carnes tienen una larga tradición. Uno de los primeros fue Old Homestead, que aún continúa estando en su locación original en el Meatpacking District. Cuando el restaurante abrió sus puertas en 1868 el distrito estaba en las afueras de la ciudad, en donde los ganaderos llevaban sus cabezas al mercado. Dos respetables restaurantes de carne siguieron sus pasos: Keens, en el Garment Distirct en 1885 y Peter Luger en Brooklyn en 1887. La tradición arraigó firmemente en los años veinte con dos instituciones afamadas Gallagher's, inaugurado por una bailarina de Ziegfeld Follies, y The Palm. Una nueva generación de restaurantes de carnes, entre los que se encuentra Jean-Georges Vongerichten's V Steakhouse y Laurent Tourondel's BLT Steak, ofrecen creativas reinvenciones de las recetas clásicas.

CHICKEN MATZO BALL SOUP

Sopa de Albóndigas de Matzo de Pollo

La sopa de bolas de matzo de pollo tradicionalmente servida para Pascua ahora se come durante todo el año. Su popularidad le ha ganado su lugar en el círculo gastronómico de Nueva York. Dos elementos son cruciales: el caldo y las bolas de matzo por sí mismas. El caldo debe ser dorado, rico y con mucho sabor. Las bolas de matzo deben flotar en vez de quedar bajo el caldo. No hay mejor ejemplar que el de Second Avenue Deli, en el Lower East Side, el cual es famoso por sus ligeras y suaves bolas de matzo. Esta sopa sabe mejor si se prepara con un día de anticipación para que la grasa retirada del caldo frío se pueda usar para preparar las bolas de matzo.

1 pollo de 2 a 2.5 kg (4-5 lb)

6 alas de pollo

¼ taza (10 g/⅓ oz) de perejil liso (italiano) fresco, más

¼ taza (10 g/⅓ oz) cde perejil fresco, picado

¼ taza (10 g/⅓ oz) de eneldo fresco, más 3 cucharadas de eneldo, picado

½ cucharadita de granos de pimienta

1 cebolla amarilla o blanca

1 nabo

5 zanahorias grandes

3 tallos de apio

1 diente de ajo

2 hojas de laurel

Sal de mar y pimienta recién molida

4 huevos

¼ taza (60 ml/2 fl oz) de grasa de pollo reservada o aceite de canola

1 taza (140 g/4½ oz) de harina de matzo

1 taza (90 g/3 oz) de poros rebanados, únicamente su parte blanca o verde claro

½ limón, su jugo

Rinde de 6 a 8 porciones

1. Para preparar el caldo, retire las vísceras y cuello de la cavidad del pollo y reserve para otro uso o deseche. Enjuague el pollo y coloque en una olla grande para sopa con las alas de pollo. Coloque en un cuadro de manta de cielo (muselina) ¼ taza de hojas de perejil, ¼ taza de eneldo y los granos de pimienta, junte las puntas y amarre con un hilo de cocina para tener un bouquet garni. Pele y corte la cebolla y nabo en cuartos. Pele 2 de las zanahorias y corte cada una en 4 trozos iguales. Añada el bouquet garni, cebolla, nabo, zanahorias, apio, ajo, hojas de laurel y una cucharada de sal de mar a la olla con 4.5 l (4½ qt) de agua. Hierva sobre fuego alto, reduzca a fuego bajo, tape parcialmente y hierva a fuego lento, cerca de 1½ hora, retirando la espuma que suba a la superficie, hasta que el pollo esté suave. Usando unas pinzas retire cuidadosamente el pollo entero del caldo. Deje reposar hasta que esté frío.

2. Continúe hirviendo las verduras y alas de pollo a fuego bajo y parcialmente cubiertas cerca de 2 horas más, hasta obtener un caldo muy enriquecido. Cuele el caldo y deseche los sólidos. Permita que el caldo se enfríe a temperatura ambiente, tape y refrigere durante toda la noche. Al día siguiente retire la grasa que se formó en la superficie y, si lo desea, reserve para preparar las bolas de matzo.

3. Cuando el pollo se haya enfriado, retire y deseche la piel. Desprenda la carne de los huesos y deseche los huesos. Deshebre la carne en trozos pequeños. Tape y refrigere hasta el momento que lo necesite.

4. Para preparar las bolas de matzo, en un tazón grande y usando un batidor globo bata las claras. Añada la grasa de pollo reservada o aceite de canola, ¼ taza (60 ml/2 fl oz) del caldo, una cucharada de eneldo picado, una cucharadita de sal y ½ cucharadita de pimienta; bata hasta integrar. Usando una cuchara de madera, integre la harina de matzo hasta integrar por completo. Tape la pasta y refrigere durante una hora.

5. Ponga a hervir en una olla grande tres cuartas partes de agua sobre fuego alto. Reduzca a fuego lento e integre 3 cucharadas de sal. Con manos húmedas, forme bolas de aproximadamente 2.5 cm (1 in) de diámetro con la pasta de matzo, humedeciendo periódicamente sus manos con agua fría para evitar que se pegue la masa. Deberá tener la suficiente masa para formar 16 bolas de matzo. Resbale cuidadosamente las bolas de una por una al agua hirviendo. Tape y hierva suavemente las bolas de matzo cerca de 30 minutos, hasta que dupliquen su tamaño.

6. Mientras tanto, recaliente el caldo sobre fuego medio. Sazone al gusto con sal y pimienta. Pele y corte en cubos las 3 zanahorias restantes. Pique en cubos el tallo de apio restante. Añada al caldo con la carne de pollo reservada, poros rebanados y ¼ taza de perejil picado. Cocine a fuego bajo 30 minutos, hasta que las verduras estén suaves. Justo antes de servir, añada las 2 cucharadas restantes de eneldo picado y el jugo de limón.

7. Para servir, coloque 2 ó 3 bolas de matzo en cada tazón. Vierta la sopa en los tazones y sirva de inmediato.

Sirva con un Chardonnay con cuerpo y sabor a maderas.

BUTTERNUT SQUASH AND APPLE SOUP WITH FRIED SAGE

Sopa de Calabaza Butternut y Manzana con Salvia Frita

La mejor estación de Nueva York es el otoño y en donde se puede apreciar mejor es en los mercados de agricultores de toda la ciudad. Las últimas ciruelas del año dejan pasar a los racimos de aromáticas uvas Concord y cajas de manzanas recién cortadas. El maíz y los jitomates se sustituyen por calabazas de invierno (acorn, butternut y Hubbard) apiladas en mesas con todas sus gloriosas figuras, colores y tamaños. Los neoyorquinos han regresado de sus veraneos, listos para saborear los nutritivos y cálidos sabores como esta sopa de puré que combina manzanas y calabazas de la estación.

1 Precaliente el horno a 220ºC (425ºF). Coloque la calabaza y las manzanas en una charola para hornear con bordes. Rocíe con 3 cucharadas de aceite de oliva, sazone con sal y pimienta, mezcle para cubrir y extienda en una sola capa. Ase de 30 a 40 minutos, hasta que la calabaza y las manzanas estén suaves y ligeramente doradas en varios lugares.

2 En una olla mediana para sopa sobre fuego medio caliente las 2 cucharadas restantes de aceite. Añada la cebolla, zanahorias y apio y cocine 10 ó 15 minutos, moviendo continuamente, hasta que la cebolla esté traslúcida y las zanahorias y apio estén suaves. Agregue los chalotes y ajo y cocine un minuto. Añada la calabaza, manzanas, vinagre, 1½ litro de caldo de pollo y la salvia picada. Deje hervir y baje a fuego lento por 30 minutos para que los sabores se mezclen.

3 Mientras tanto, para hacer la salvia frita, en una sartén pequeña sobre fuego medio-alto derrita la mantequilla con el aceite de oliva. Añada las hojas de salvia, unas cuantas a la vez y fría cerca de un minuto, hasta que estén ligeramente crujientes. (Las hojas se harán más crujientes después de haberlas retirado de la sartén.) Escurra sobre toallas de papel.

4 Usando una licuadora de inmersión, una licuadora regular o un procesador de alimentos, muela la sopa hasta obtener un puré terso. Vuelva a colocar la sopa en la olla, si fuera necesario y añada las 2 tazas (500 ml/16 fl oz) de caldo si la sopa está muy espesa. Caliente sobre fuego medio-bajo. Pruebe y rectifique la sazón con más sal y pimienta si fuera necesario. Sirva en tazones precalentados, desmorone la salvia y adorne con crème fraîche. Sirva de inmediato.

Sirva con un afrutado Riesling

1 calabaza butternut de 750 g (1½ lb), sin piel ni semillas y cortada en cubos de 2.5 cm (1 in)

3 manzanas dulces como la Pink Lady o la Mcintosh, sin piel ni corazón y picada

5 cucharadas (75 ml/2½ fl oz) de aceite de oliva

Sal de mar y pimienta recién molida

½ cebolla amarilla o blanca grande, en cubos

2 zanahorias pequeñas, sin piel y en cubos

2 tallos de apio, en cubos

2 chalotes, finamente picados

2 dientes de ajo, finamente picados

1 cucharadita de vinagre de manzana

1½ ó 2 l (1½ qt) de caldo de pollo

6 hojas frescas de salvia, finamente picadas

PARA LA SALVIA FRITA

2 cucharadas de mantequilla sin sal

2 cucharadas de aceite de oliva

18 hojas enteras de salvia fresca

Crème fraîche o crema espesa (doble), para decorar

Rinde de 6 a 8 porciones

Manzanas de Nueva York

Debido en parte al seudónimo de la ciudad de La Gran Manzana, el estado de Nueva York se asocia muchas veces con manzanas, aunque el apodo no tiene nada que ver con la fruta. Sin embargo, el cultivo de manzanas en el estado se remonta hasta los años 1640, cuando el gobernador Peter Stuyvesant sembró un árbol de Holanda en lo que hoy es la Tercera Avenida. La idea se contagió y en los años 1700 los colonizadores cultivaron manzanas para sidra, la cual usaron como moneda. La producción se difundió al Valle del Río Hudson y a Long Island, y la manzana se convirtió en la cosecha principal de fruta.

Cientos de variedades se originaron en el estado. Muchas manzanas populares se originaron desde hace varios siglos, como la Newton Pippin que data de 1758, la Northen Spy de 1800 y la Jonathan de 1826. Otras son creaciones recientes: La Spigold una cruza entre La Spy y la Golden Delicious, fue introducida en 1962, la Jonamac, una combinación de atributos de la Jonathan y la Mcintosh, apareció en 1972. Muchos agricultores prefieren sembrar variedades "antiguas" menos conocidas como la Golden Russet, Northern Spy y la Black Twig, las cuales únicamente se pueden conseguir en los mercados de agricultores de la región.

SOPAS Y ENSALADAS

MAIN COURSES

Los platos principales pueden ser tan sencillos como un filete New York

...sado a la parrilla o un pato Long Island bañado con salsa de naranja.

El confort o comodidad es el común denominador de los platos principales que van desde la tradicional falda hasta los clásicos modernizados como el cordero a las hierbas y el pollo crujiente con miel, acompañados por un sustancioso puré de verduras.

Esta sencilla y modesta comida muchas veces es exaltada por el uso de los ingredientes más finos. El queso mozzarella fresco de un fabricante local enriquece el ziti horneado, un platillo clásico de la cocina italoamericana, y los membrillos y manzanas del mercado local visten de etiqueta un platillo de puerco asado. Los mares cercanos son el origen de mariscos frescos, ya sea la raya o cangrejos de concha suave. A los chefs de Nueva York les encanta transformar incluso a una hamburguesa en una inolvidable obra de arte.

NEW YORK STEAK WITH BEER-BATTERED ONION RINGS

Filete New York con Aros de Cebolla Rebozados con Cerveza

En 1850, el famoso restaurante Delmonico's sirvió lo que se considera el primer filete de Nueva York. El corte, un rib-eye sin hueso del lomo superior, casi siempre es llamado por los neoyorquinos strip steak. Algunas veces se le llama New York steak e incluso filete Delmonico's. A pesar de esto, es un platillo clásico que actualmente se sirve en todo el país bañado de mantequilla a las hierbas y adornado con crujientes aros de cebolla. Típicamente se ordena a la carta, con verduras y algunas veces con una guarnición de papas Delmonico's: papas hervidas y aderezadas con mantequilla, sal y perejil.

1 Para hacer la mantequilla, en un tazón pequeño acreme la mantequilla con una cuchara de madera. Integre las hierbas y ½ cucharadita de sal y ½ de pimienta. Tape herméticamente con plástico adherente y refrigere.

2 Para hacer los filetes, prepare una parrilla de carbón o gas para asar directamente sobre calor alto o precaliente una sartén de hierro fundido para asar sobre calor medio-alto. Sazone los filetes por ambos lados con sal y pimienta, frotando los sazonadores en la carne y barnice ambos lados con aceite de oliva. Coloque los filetes sobre la parte más caliente del fuego y selle por ambos lados, cerca de 2 minutos por lado, y ase volteando una sola vez, de 6 a 8 minutos más para término rojo y 10 ó 12 minutos más para término medio. Si usa una sartén de hierro fundido, cocine los filetes 12 minutos para término rojo y cerca de 14 minutos para término medio, volteando una vez a la mitad del cocimiento. Pase los filetes a un platón, tape holgadamente con papel aluminio y deje reposar durante 5 minutos.

3 Mientras tanto, para hacer los aros de cebolla, vierta aceite de canola en una olla grande y gruesa hasta alcanzar una profundidad de 7.5 a 10 cm (3-4 in). Caliente hasta que marque 190ºC (375º F) en un termómetro para fritura profunda. En un tazón bata la harina con la cerveza. Separe las rebanadas de cebolla para formar aros. Mientras los filetes reposan, sumerja cada aro de cebolla en la masa, dejando escurrir el exceso sobre el tazón. Trabajando en tandas para evitar amontonamientos en la sartén, fría los aros durante 2 ó 3 minutos, hasta que se doren. Usando unas pinzas pase a toallas de papel para escurrir. Espolvoree con sal.

4 Coloque cada filete sobre un plato individual precalentado cubriendo con una cucharada de la mantequilla y adorne con los aros de cebolla, dividiéndolos uniformemente. Sirva de inmediato.

Sirva con un vino tinto con cuerpo estilo Bordeaux.

PARA LA MANTEQUILLA

6 cucharadas (90 g/3 oz) de mantequilla sin sal, a temperatura ambiente

1½ cucharada de hierbas finas como romero, estragón, tomillo, mejorana cebollín y/o perejil liso (italiano), finamente picadas

Sal de mar y pimienta recién molida

PARA LOS FILETES

6 filetes New York, cada uno de 4 cm (1½ in) de grueso, a temperatura ambiente

Sal de mar y pimienta recién molida

Aceite de oliva extra virgen, para barnizar

PARA LOS AROS DE CEBOLLA

Aceite de canola para fritura profunda

1 taza (155 g/5 oz) de harina de trigo (simple)

1 taza (250 ml/8 fl oz) de cerveza oscura

2 cebollas dulces Vidalia o Walla Walla, cortadas transversalmente en rebanadas de 9 a 12 mm (⅓–½ in) de grueso

Sal de mar

Rinde 6 porciones

LONG ISLAND DUCK WITH ORANGE SAUCE

Pato Long Island con Salsa de Naranja

El restaurante Four Seasons en el centro de Manhattan es legendario. La extraordinaria comida algunas veces toma un lugar secundario ante la famosa clientela formada por políticos y diplomáticos así como por autores y celebridades y ante los elegantes salones, proyecto de los reconocidos arquitectos Philip Johnson y Mies Van der Rohe. Las ramas de los árboles que adornan los salones cambian con las estaciones del año al igual que este pato, una especialidad de la casa, que se rebana en la mesa y se sirve cada temporada del año con una salsa diferente. La preparación de esta receta debe hacerse con tres días de anticipación, pero es más fácil de lo que usted se imagina. De cualquier forma quizás usted quiera reservar este platillo para una ocasión especial.

1 pato Long Island o pato pekinés de 2 a 3 kg aproximadamente (4 a 6 lb) con cuello y mollejas

2 naranjas

1 taza (250 ml/8 fl oz) de salsa de soya

2.5 cm (1 in) de jengibre fresco en trozo, sin piel y cortado en rodajas delgadas

2 dientes de ajo, partidos a la mitad

2 cucharadas de miel de abeja

1½ cucharadita de granos de pimienta negra

PARA LA SALSA DE NARANJA

3 tallos de apio, picados

1 zanahoria, sin piel y picada

1 cebolla amarilla o blanca, con piel y picada

2 tazas (500 ml/16 fl oz) de vino tinto

2 cucharadas de pasta o puré de jitomate

1½ cucharadita de harina de trigo (simple)

2 tazas (500 ml/16 fl oz) de caldo de pollo

2 cucharadas de mermelada de naranja

1 taza (250 ml/8 fl oz) de jugo de naranja

2 cucharadas de Grand Marnier

1 cucharada de vinagre de vino tinto

Sal de mar y pimienta negra recién molida

Rinde 4 porciones

1 Tres días antes de servir el pato, retire las mollejas y el pescuezo de la cavidad y resérvelos para hacer la salsa. Retire y deseche el exceso de grasa de las cavidades. Enjuague el pato y séquelo con toallas de papel. Corte las alas y resérvelas con las mollejas y el pescuezo. Usando un cuchillo pequeño haga unos cortes poco profundos de 6 mm (¼-in) de profundidad en la parte de atrás del pato, dejando una separación de 2.5 cm (1 in) entre cada uno y teniendo cuidado de no rasgar la piel. Coloque una rejilla de metal sobre una charola para hornear, coloque el pato sobre la rejilla y refrigere, sin taparlo, durante 2 días para que se seque..

2 Dos días antes de servir el pato, ralle la piel de una naranja y reserve. En una tabla de picar corte una rebanada de la parte superior e inferior de cada naranja. Siguiendo el contorno de cada naranja y rotándola con cada corte, rebane hacia abajo para retirar la cáscara, la piel blanca y la membrana. Separe los gajos de la membrana y coloque en un tazón. Tape y refrigere los gajos de la naranja hasta que los necesite. Mezcle la ralladura de naranja, salsa de soya, jengibre, ajo, miel de abeja y granos de pimienta para hacer la marinada. Tape y refrigere durante toda la noche.

3 El día anterior a servir el pato, después de que se haya secado durante dos días, colóquelo con la pechuga hacia arriba en una sartén para asar grande y poco profunda. Cuele la marinada fría. Barnice el pato con la mitad de la marinada. Mantenga a temperatura ambiente durante 20 minutos y barnice el pato con la marinada restante. Refrigere el pato, sin tapar, durante toda la noche.

4 El día en que va a servir el pato, haga la salsa de naranja: Precaliente el horno a 200ºC (400ºF). Coloque el pescuezo, alas y mollejas reservadas con el apio, zanahoria y cebolla en una charola para asar y ase aproximadamente 20 minutos, hasta que se doren las piezas de pato. Pase las piezas del pato y las verduras a una olla. Coloque la charola para asar sobre fuego medio, añada 1 taza (250 ml/8 fl oz) de vino tinto y revuelva para retirar los trozos dorados. Añada la pasta de jitomate a la olla y cocine, mezclando sobre fuego medio aproximadamente un minuto, hasta que la pasta de jitomate tome color. Integre la harina y cocine cerca de 3 minutos. Añada la taza restante de vino tinto, el contenido de la charola para asar, el caldo de pollo y caliente hasta que hierva. Reduzca el fuego y hierva a fuego lento 5 ó 6 minutos, hasta reducirlo a la mitad. Cuele y deseche los sólidos. Reserve la salsa.

5 Retire el pato del refrigerador 20 minutos antes de asarlo. Acomode las rejillas del horno para que una quede en el centro y la otra en la posición más baja. Precaliente el horno a 190ºC (375ºF). Vierta agua en una charola para asar hasta obtener una profundidad de 6 mm (¼ in) ay coloque sobre la rejilla inferior. Coloque el pato con la pechuga hacia arriba, directamente sobre la rejilla del centro encima de la olla con agua y ase 1½ ó 2 horas, hasta que la piel se dore. Pase el pato a un platón. Tape holgadamente con papel aluminio y deje reposar de 10 a 15 minutos.

6 Mientras tanto, termine de preparar la salsa de naranja: En una sartén sobre fuego medio mezcle la mermelada, el jugo de naranja, el Grand Marnier y el vinagre. Hierva a fuego lento aproximadamente 10 minutos, hasta reducirlo a la mitad. Incorpore la salsa reservada. Sazone con sal y pimienta al gusto.

7 Rebane el pato y acomódelo en platos individuales. Usando una cuchara, bañe con salsa sobre el pato y alrededor de él. Adorne con gajos de naranja y sirva de inmediato.

Sirva con un especiado Zinfandel con cuerpo o un Pinot Noir.

PORK BRAISED IN RIESLING WITH APPLE-QUINCE COMPOTE

Puerco Braseado en Riesling con Compota de Manzana y Membrillo

A diferencia de muchos chefs que mandan a sus empleados a recoger sus pedidos, Peter Hoffman, del Restaurante Savoy, es una personalidad muy común en los mercados locales. Pedaleando una bicicleta azul habilitada con un carrito lateral, él carga con productos de la temporada para servirlos en el restaurante que abrió en Soho en 1990. Al llegar el mes de octubre espera ansiosamente la inminente llegada de los membrillos. Durante su corta temporada prepara las aromáticas y ácidas frutas en diferentes formas, a menudo mezclándolas con manzanas como en esta compota servida con puerco cocido a fuego lento.

1. Coloque las piezas de puerco en un tazón de material no reactivo y sazone por ambos lados con sal y pimienta. Tape y refrigere durante toda la noche.

2. Caliente el aceite de oliva en una olla gruesa con tapa u horno holandés a calor medio-alto. Añada el puerco y selle por ambos lados aproximadamente de 8 a 10 minutos, hasta dorar. Pase a un plato. Reduzca el fuego a medio. Agregue las cebollas y saltee de 8 a 10 minutos, hasta dorar. Añada el ajo, canela, tomillo, perejil y la hoja de laurel y saltee aproximadamente 2 minutos, hasta que el ajo aromatice. Agregue el Riesling y desglase la olla, despegando los trozos que queden en el fondo de ella. Vuelva a colocar el puerco en la olla y añada el agua necesaria para cubrir el puerco. Sazone con sal y pimienta, reduzca el fuego, tape y cocine a fuego lento aproximadamente 1½ hora, hasta que la carne esté suave. Añada las zanahorias y el Calvados y cocine a fuego lento, tapado, 30 minutos más, hasta que las zanahorias estén suaves. Incorpore el vinagre y sazone con sal y pimienta.

3. Para hacer la compota, retire la piel y el corazón de los membrillos y manzanas y corte en cubos de 2.5 cm (1 in). En una olla sobre fuego medio, derrita la mantequilla. Añada la cebolla y saltee 10 ó 12 minutos, hasta que esté traslúcida. Agregue los membrillos, las manzanas, el Riesling y la miel de abeja. Reduzca el fuego a bajo y cocine 30 ó 35 minutos, hasta que la fruta esté suave. Incorpore la mostaza y la ralladura de limón y sazone al gusto con sal.

4. Divida el caldo de la olla y los trozos de puerco en platos individuales. Sirva acompañado de la compota.

Sirva con un Riesling seco o un Gewürztraminer.

---

1 kg (2 lb) de espaldilla de puerco, deshuesada, sin grasa y cortada en trozos de 5 cm (2 in)

Sal de mar y pimienta recién molida

½ taza (125 ml/4 fl oz) de aceite de oliva

2 cebollas amarillas o blancas medianas, cortadas en dados

6 raja de canela

1 cinnamon stick

4 ramas pequeñas de tomillo fresco y la misma cantidad de perejil liso (italiano) fresco

1 hoja de laurel

3 tazas (750 ml/24 fl oz) de Riesling

2 zanahorias, sin piel y cortadas en dados

½ taza (125 ml/4 fl oz) de Calvados

2 cucharaditas de vinagre de champaña o vinagre de manzana a la sidra, o al gusto

PARA LA COMPOTA

3 *membrillos y 3 manzanas* rojas ácidas

4 cucharadas (60 g/2 oz) de mantequilla sin sal

1 cebolla amarilla o blanca grande, cortada en dados

1 taza (250 ml/8 fl oz) de Riesling

¼ taza (90 g/3 oz) de miel de abeja

1 cucharada de mostaza Dijon

Ralladura de un limón

Membrillo

De color verde amarillento, un exterior rugoso y una cubierta suave, el membrillo tiene un sabor ácido y una textura dura si se come crudo. Al guisarlo, cocerlo u hornearlo esta fruta se transforma obteniendo un sutil sabor a manzana y un perfume que recuerda el del albaricoque y la vainilla. El membrillo no es un fruto nativo sino que fue traído al continente por inmigrantes europeos. A pesar de su rápida popularidad, la fruta permanece enigmática. Muchas personas desconocen la forma de cocinar el membrillo, pero durante su corta temporada en el otoño los chefs de Nueva York no se cansan de ellos.

Durante algún tiempo los agricultores del Valle del Río Hudson también cultivaban membrillo pero actualmente la Locust Grove Farm, una granja al norte de la ciudad que data de seis generaciones atrás, es uno de los únicos proveedores de membrillo en las fruterías de Nueva York. A mediados de octubre, justo antes de que empiece la temporada, el puesto de esta granja ubicado en Union Square está repleto de clientes, la mayoría de ellos chefs, levantando sus pedidos de la fruta antes de que haya sido cosechada. Incluso en diciembre, cuando el abasto disminuye, los membrillos aparecen en los mejores menús de la ciudad. Se convierten en compotas y chutneys para acompañar sabrosos platillos como el puerco y el foie gras y los chefs pasteleros los usan en pasteles y tartas.

VEAL MILANESE
Milanesa de Ternera

La milanesa de ternera es un platillo básico en los menús de Nueva York, desde las pizzerías en el Bronx y los restaurantes caseros en la Pequeña Italia de Manhattan hasta los restaurantes elegantes como The Palm, el famoso restaurante de carnes originario del Upper East Side en Manhattan; el Babbo Ristorante e Enoteca de Mario Batali y el Sant Ambroeus, ambos en Greenwich Village. Esta versión contemporánea ha sido simplificada para el ama de casa utilizando escalopa de ternera en lugar de las clásicas chuletas. El platillo se complementa con arúgula apimentada y ensalada de jitomate. Si usted prepara la ensalada en el invierno, cuando no es temporada de jitomates, suprímalos.

4 milanesas de ternera, cada una de aproximadamente 6 mm (¼ in) de grueso

Sal de mar y pimienta recién molida

1½ taza (185 g/6 oz) de migas de pan, molido finamente

½ taza (60 g/2 oz) de queso Parmesano, recién molido

2 cucharadas de perejil liso (italiano) fresco, finamente picado

1 cucharada de orégano seco, desmenuzado

2 huevos

1 taza (155 g/5 oz) de harina de trigo (simple)

155 g (5 oz) de hojas de arúgula (rocket), (aproximadamente 4 tazas)

1 taza (185 g/6 oz) de jitomates pequeños Sweet 100 o alguna otra variedad de jitomates dulces, partidos a la mitad

Aceite de oliva extra virgen

Jugo de ½ limón

Aceite de oliva, para freír

4 cucharadas (60 g/2 oz) de mantequilla sin sal

1 rebanada de queso Parmesano

1 limón, cortado en ocho rebanadas

Rinde 4 porciones

1. Coloque cada milanesa entre hojas de plástico adherente y, utilizando un mazo de carnicero o un rodillo, golpee hasta obtener un grosor uniforme de 3 mm (⅛ inch). Sazone ambos lados con sal y pimienta.

2. En un plato extendido mezcle el pan molido con el queso Parmesano rallado, perejil, orégano, una cucharadita de sal y ½ cucharadita de pimienta. Rompa los huevos en un tazón poco profundo y bata ligeramente. Coloque la harina en otro plato extendido. Pase cada rebanada de ternera por la harina, sacudiendo el exceso. Sumérjala en el huevo batido, dejando que el excedente de huevo escurra en el tazón. Por último, pase por el pan molido presionando los lados hasta que queden totalmente empanizadas. Coloque las milanesas de ternera empanizadas en una sola capa sobre una charola. Tape con plástico adherente y coloque en el refrigerador hasta el momento de cocinar.

3. En un tazón grande mezcle la arúgula con los jitomates. Rocíe con suficiente aceite de oliva extra virgen para cubrir las hojas ligeramente. Salpique con el jugo de limón, sazone al gusto con sal y pimienta y mezcle suavemente. Reserve.

4. Coloque una sartén grande y gruesa sobre fuego medio-alto hasta que esté muy caliente. Vierta en la sartén suficiente aceite de oliva hasta alcanzar una profundidad de 6 mm (¼ in) y añada la mantequilla. Cuando se derrita la mantequilla y la mezcla esté caliente pero no ahumando, trabaje en tandas colocando las milanesas de ternera empalizadas en la sartén. No coloque demasiadas milanesas a la vez. Fría 1 ó 2 minutos hasta dorar. Voltee y fría por el otro lado 1 ó 2 minutos más, hasta dorar. Pase a toallas de papel para escurrir.

5. Divida las milanesas de ternera en platos individuales. Acompañe con la ensalada, dividiéndola uniformemente. Usando un pelador de verduras o un cortador de quesos, ralle 4 ó 5 láminas delgadas del queso Parmesano y coloque sobre la ensalada. Ponga 2 rebanadas de limón en cada plato y sirva.

Sirva con un Pinot Noir suave que no esté ácido.

Variación: Para hacer una milanesa de ternera clásica, sustituya las escalopas por 4 costillas pequeñas. Golpee cada costilla como se describe en el paso número uno, dejando el hueso intacto. Continúe con la receta.

BEEF BRISKET WITH SWEET POTATOES AND PRUNES

Pecho de Res con Camote y Ciruelas Pasas

Dentro de la religión Judía el día de descanso comprende desde la puesta del sol del viernes hasta la puesta del sol del sábado. Entre las costumbres tradicionales del día de descanso está la prohibición del uso del horno. Como el pecho de res se beneficia de una cocción lenta y pausada, la carne para el día de descanso se colocaba en el horno a la hora de la puesta del sol del viernes y debía quedarse en él para que se cocinara con el calor restante hasta el día siguiente. El pecho de res con camote y fruta, y en este caso con ciruelas, se llama tsimmes refiriéndose al número de ingredientes que se cocían en una sola olla. Esta palabra en Yiddish también quiere decir "alboroto" como en "no hagas un tsimmes de ello". Sirva con fideos de huevo, un kugel de fideo o tortitas de papas.

1 Recorte el exceso de grasa al pecho de res, enjuague y seque con toallas de papel. Frote la carne por ambos lados con páprika y sazone generosamente con sal y pimienta negra. En una olla gruesa con tapa u horno holandés sobre calor medio-alto caliente 2 cucharadas del aceite. Añada el pecho de res y selle por ambos lados, aproximadamente 4 minutos por lado, hasta que se dore. Pase a un platón y reserve.

2 Precaliente el horno a 180ºC (350ºF). En la misma olla u horno holandés caliente las 2 cucharadas restantes de aceite. Añada las cebollas y cocine de 10 a 15 minutos, moviendo ocasionalmente, hasta que estén suaves y doradas. Agregue el ajo, pimienta de jamaica y hojuelas de chile y saltee aproximadamente 2 minutos, hasta que el ajo aromatice. Vuelva a colocar el pecho de res en la olla, con la parte de la grasa hacia arriba. Incorpore el vino, los jitomates y 4 tazas (1 l/32 fl oz) de agua. Añada las hojas de laurel, el tomillo y el romero. Tape, coloque en el horno y cocine aproximadamente 3 horas, bañando la carne a menudo con la salsa de la olla, hasta que la carne esté suave y se desprenda fácilmente cuando se pique con un tenedor.

3 Retire del horno, añada los camotes, zanahorias y ciruelas. Tape y continúe cocinando cerca de una hora más, hasta que los camotes y zanahorias estén suaves. Permita que la carne y las verduras se enfríen en la salsa hasta que estén a temperatura ambiente, refrigere por lo menos 4 horas o durante toda la noche.

4 Cuando el pecho de res esté listo para servirse, precaliente el horno a 180ºC (350ºF). Retire la olla del refrigerador y quite la grasa de la superficie. Pase la carne a una tabla de picar y rebane transversalmente en rebanadas de 12 mm (½ in) de grosor. Vuelva a colocar la carne en la olla, tape, meta al horno y cocine aproximadamente 30 minutos, hasta que la carne, verduras y salsa estén calientes. Acomode el pecho rebanado sobre un platón precalentado con las verduras y, usando una cuchara, bañe con la salsa. Adorne con el perejil y sirva inmediatamente.

Sirva con un Cabernet Sauvignon de Long Island con cuerpo.

---

1 1 pecho de res de 2 a 2.5 kg (4-5 lb)

1 cucharadita de páprika húngara

Sal de mar y pimienta recién molida

4 cucharadas (60 ml/2 fl oz) de aceite de canola

3 cebollas amarillas o blancas grandes, picadas

4 dientes de ajo, picados

½ cucharadita de pimienta de jamaica molida

¼ cucharadita de hojuelas de chile rojo

2 tazas (500 ml/16 fl oz) de vino tinto

2 tazas (440 g/14 oz) de jitomates de lata molidos

2 hojas de laurel

2 ramas de tomillo fresco

1 rama de romero fresco

1 kg (2 lb) de camotes de color naranja, sin piel y cortados transversalmente en rebanadas de 2.5 cm (1 in)

6 u 8 zanahorias pequeñas, sin piel y cortadas en trozos de 4 cm (1½-in)

250 g (½ lb) de ciruelas pasas deshuesadas o ciruelas secas (aproximadamente 2 tazas)

¼ taza (10 g/⅓ oz) de perejil liso (italiano) fresco, para adornar

Rinde 8 porciones

RISOTTO WITH PEAS, MOREL MUSHROOMS, AND RAMPS

Risotto con Chícharos, Hongos Morilla y Escalonias

En mayo de 1974, Sirio Maccioni, dueño del restaurante Le Cirque (ahora Le Cirque 2000) y patriarca de una de las familias restauranteras más importantes de Nueva York, se encontraba de viaje en Canadá. Deseoso de comer pasta, reunió varias verduras de la temporada y creó una salsa que llamó Spaghetti Primavera. Craig Claiborne escribió acerca de esta pasta en el New York Times, ay los clientes empezaron a ordenarla a pesar de que no estaba en la carta. Este risotto, una oda a esa famosa pasta, fue creado por la esposa de Maccioni, Egi. Utiliza ingredientes poco comunes de primavera, incluyendo hongos morilla, escalonias y poros silvestres, con un fuerte sabor a ajo.

8 piezas de espárragos verdes, limpios, sin piel si ésta está muy dura y cortados en rebanadas de 6 mm (¼ in) de grueso

1 taza (155 g/5 oz) de chícharos ingleses frescos, desvainados

⅓ taza (60 g/2 oz) de piñones

125 g (¼ lb) de hongos morilla u hongos cremini, cepillados, limpios y rebanados transversalmente a la mitad

6 cucharadas (90 g/3 oz) de mantequilla sin sal, cortada en trozos pequeños

3 cucharadas de aceite de oliva

6 tazas (1.5 l/48 fl oz) de caldo de pollo, o el necesario

4 ó 5 escalonias o cebollitas de cambray, la parte blanca cortada en trozos pequeños y la parte verde rebanada finamente

1 diente de ajo, rebanado finamente

2¼ tazas (500 g/1 lb) de arroz Carnolori, Arborio o Vialone Nano

1½ taza (375 ml/12 fl oz) de vino blanco seco

½ taza (15 g/½ oz) de perejil liso (italiano) fresco, picado

1½ taza (185 g/6 oz) de queso Parmesano recién rallado o el necesario, y más para servir

Sal de mar y pimienta recién molida

Rinde de 4 a 6 porciones

1 Ponga a hervir en una olla grande tres cuartas partes de agua. Añada los espárragos y blanquee las rebanadas durante un minuto. Usando una cuchara ranurada pase a un tazón con agua y hielos para detener el cocimiento. Escurra y reserve. Repita la operación con los chícharos blanqueándolos durante 4 minutos. Reserve.

2 Coloque los piñones en una sartén gruesa y seca a fuego medio y tueste 5 ó 7 minutos, agitando la sartén de vez en cuando, hasta que se doren y aromaticen. Vacíe sobre un platón y reserve.

3 Si utiliza hongos morilla sumérjalos en un tazón con agua y agítelos vigorosamente con sus dedos para retirarles las basuras; escurra. Seque con toallas de papel. En una sartén sobre fuego medio derrita dos cucharadas de la mantequilla con una cucharada del aceite de oliva. Añada los hongos y saltee aproximadamente 7 minutos, hasta que estén suaves. Retire del fuego y reserve.

4 Vierta el caldo de pollo en una sartén grande a fuego medio y hierva. Ajuste el fuego para mantener un hervor suave.

5 En una olla grande sobre fuego medio derrita 2 cucharadas de la mantequilla con las 2 cucharadas de aceite de oliva restante. Añada la parte blanca de las escalonias y el ajo y cocine aproximadamente 4 minutos, hasta que las escalonias estén suaves y el ajo esté ligeramente dorado. Añada el arroz y mezcle cerca de 3 minutos, hasta que los granos estén cubiertos de aceite y esté muy ligeramente dorado. Vierta el vino y mezcle hasta que el arroz casi lo absorba. Incorpore suficiente caldo de pollo para cubrir el arroz por 12 mm (½ inch), cerca de una taza (250 ml/8 fl oz), y mezcle constantemente hasta que se absorba. Cuando la olla esté casi seca, añada otra taza de caldo de pollo y cocine moviendo constantemente, hasta que la olla esté casi seca una vez más. Continúe agregando caldo de pollo hasta cubrir y moviendo constantemente, siempre esperando hasta que la adición previa se haya absorbido, hasta que el arroz esté casi al dente. El tiempo total de cocimiento será de aproximadamente 20 minutos.

6 Incorpore los espárragos, chícharos y hongos y cocine durante 3 minutos. Añada los piñones reservados y el perejil y cocine durante un minuto, sólo para que se calienten. Añada las 2 cucharadas de mantequilla restantes y el queso y sazone al gusto con sal y pimienta. El risotto deberá tener la consistencia de un potaje no muy espeso. Si está demasiado espeso, añada un poco más de caldo de pollo. Si está demasiado aguado, añada un poco más de queso. Adorne el risotto con las partes verdes de las escalonias y sirva de inmediato, ofreciendo queso extra en la mesa.

Sirva con un suave Merlot de cuerpo medio como el Rivendell del Valle del Río Hudson.

SAUTÉED CALF'S LIVER WITH MUSTARD-SHALLOT SAUCE

Hígado Salteado al Chalote con Salsa de Mostaza

El hígado de ternera salteado es un platillo clásico de Nueva York, que se encuentra tanto en los merenderos como en los restaurantes más sofisticados como el Daniel, tan majestuoso como ninguno. Desde el momento en que usted entra por las puertas adornadas con clavos de bronce hasta que recibe una canasta de madeleines calientes, usted es tratado para tener una experiencia incomparable. Esta receta, obra del dueño Daniel Boulud, es un clásico de Lyon, su ciudad natal. Cuando no está supervisando sus restaurantes él es conferencista invitado del French Culinary Institute en Soho y del Culinary Institute of America en Hyde Park.

1. Enjuague las rebanadas de hígado y seque con toallas de papel. Sazone por ambos lados con sal y pimienta. En una sartén grande sobre fuego alto, caliente el aceite de canola. Coloque la harina en un platón. Pase cada rebanada de hígado por la harina, sacudiendo el exceso. Cuando el aceite esté caliente, coloque las rebanadas en la sartén y selle durante 3 ó 4 minutos. Voltee las rebanadas cuidadosamente y selle por el otro lado durante 3 ó 4 minutos. Pase a un platón y mantenga caliente.

2. En la misma sartén sobre fuego medio derrita la mantequilla. Añada los chalotes y cocine 2 ó 3 minutos, mezclando frecuentemente hasta que estén suaves. Agregue el vinagre y cocine 2 ó 3 minutos, hasta que casi se evapore. Incorpore el vino blanco y desglase la sartén 2 ó 3 minutos, revolviendo para separar los trozos dorados de la base. Añada el caldo de res y cocine 4 ó 5 minutos, hasta que casi se evapore. Incorpore la crema y cocine a fuego bajo 5 ó 6 minutos, hasta que se reduzca a la mitad. Agregue la mostaza, perejil, estragón y sazone al gusto con sal y pimienta.

3. Coloque las rebanadas de hígado en platos individuales precalentados. Bañe con la salsa, dividiéndola uniformemente y sirva de inmediato.

Sirva con un vino tinto dulce con un poco de acidez como el Pinot Noir.

750g (1½ lb) de hígado de ternera, sin membranas y cortado en 4 rebanadas, cada una de 12 mm (½ in) de grueso

Sal de mar y pimienta recién molida

2 cucharadas de aceite de canola

1 taza (155 g/5 oz) de harina de trigo (simple)

2 cucharadas de mantequilla sin sal

3 chalotes, picados finamente

2 cucharadas de vinagre de sidra o vinagre de vino tinto

¼ taza (60 ml/2 fl oz) de vino blanco seco

¼ taza (60 ml/2 fl oz) de caldo de res sin sal

½ taza (2 fl oz/60 ml) de crema espesa (doble)

2 cucharadas de mostaza Dijon

2 cucharadas de perejil liso (italiano) fresco, finamente picado

1 cucharada de estragón fresco, finamente picado

Rinde 4 porciones

Escuelas de Cocina

La ciudad de Nueva York está repleta de talentosos chefs jóvenes provenientes de las escuelas de cocina locales. Chefs tan notables como Wylie Dufresne del WD-50 y Bobby Flay del Mesa Grill han egresado del French Culinary Institute y Jacques Pépin, Daniel Boulud y Jacques Torres se titularon en esta escuela con mención honorífica. El Institute of Culinay Education cuenta con la chef pastelera Gina de Paloma del Baboo y los socios del Tasting Room, Colin y Renée Alevras como exalumnos. Quinientos nuevos chefs reciben cada año la certificación de los programas gastronómicos profesionales de Nueva York y del famoso Culinary Institute of America en Hyde Park, alma mater de íconos culinarios como Anthony Bourdain, Rocco DiSpirito y Alfred Portale envía alrededor de 1100 estudiantes a la fuerza laboral cada año.

Todas estas escuelas hacen uso de la ciudad y de sus recursos como mercados de agricultores, productos artesanales locales e influyentes restaurantes y chefs. Los trabajos de práctica o residencias ofrecen a los estudiantes experiencia propia, ya sea mientras trabajan con estilistas gastronómicos, en revistas como *Saveur y Gourmet* o, más a menudo, en las cocinas de restaurantes como el Baboo, Craft, Aureole, Jean Georges y el Gotham Bar and Grill.

BUTTERFLIED CHICKEN WITH JERUSALEM ARTICHOKE AND CELERY ROOT PURÉE

Pollo Mariposa con Puré de Alcachofa Jerusalén y Raíz de Apio

La comida reconfortante o comfort food como los macarrones con queso y el pollo rostizado con puré de papas empezó a cobrar popularidad a partir de mediados de los años ochenta. El Union Square Café fue el pionero de esta tendencia con las presentaciones sencillas del chef Michael Romano que utilizaba productos frescos del mercado de agricultores de Union Square. Después de todo, este desarrollo no fue únicamente una tendencia pues los neoyorquinos tienen un apetito constante por los alimentos rústicos que se sirven en muchos restaurantes, incluyendo el Home en el West Village conocido por su pollo rostizado y sus postres como el pudín de chocolate. Esta receta combina un puré de verduras de invierno con un pollo mariposa.

1 pollo de aproximadamente 1.5 kg (3 lb)

1½ cucharada de granos de pimienta negra

4 dientes de ajo, finamente picados

2 cucharaditas de perejil fresco y la misma cantidad de tomillo, romero y salvia, frescos

Sal de mar y pimienta recién molida

1 zanahoria grande, sin piel y cortada toscamente

1 tallo de apio, cortado toscamente

1 cebolla amarilla o blanca, cortada en 8 trozos

PARA EL PURÉ

500 g (1 lb) de papas amarillas Yukon

250 g (½ lb) de alcachofas Jerusalén

1 raíz de apio de 250 g (½ lb)

¼ taza (60 ml/2 fl oz) de media crema

¼ taza (60 ml/2 fl oz) de caldo de pollo o el necesario

2 cucharadas de mantequilla sin sal, a temperatura ambiente

Sal de mar y pimienta recién molida

¼ taza (60 ml/2 fl oz) de vino tinto seco

1 taza (250 ml/8 fl oz) de caldo de pollo

1 cucharada de mantequilla sin sal

Rinde 4 porciones

1 Precaliente el asador de su horno. Si las mollejas y el pescuezo todavía se encuentran en la cavidad del pollo, retírelos y reserve para otro uso o deseche. Retire y deseche el exceso de grasa de la cavidad. Para abrir el pollo en mariposa, coloque el ave con la pechuga hacia abajo sobre una tabla para picar. Usando tijeras para aves, corte a un lado de la columna dorsal y posteriormente del otro lado. Retire el hueso y reserve para otro uso o deseche. Voltee la pechuga de pollo hacia arriba y ábrala lo más posible. Usando ambas manos presione firmemente para romper el hueso y aplanar el ave. Enjuague el pollo y seque con toallas de papel.

2 Con la pechuga hacia arriba y empezando desde el extremo del cuello, coloque sus dedos debajo de la piel y separe suavemente de la carne de la pechuga en ambos lados, teniendo cuidado de no romper la piel. Separe suavemente en el otro extremo la piel de la carne de la pierna y muslo. Usando un mortero y su mano muela los granos de pimienta toscamente. Añada el ajo, las hierbas de olor y ½ cucharadita de sal; muela hasta formar una pasta. Reserve 2 cucharadas de la mezcla de hierbas. Introduzca uniformemente la mezcla restante debajo de la piel del pollo.

3 Coloque los trozos de zanahoria, apio y cebolla en una charola para horno lo suficientemente grande para dar cabida al pollo. Acomode el pollo sobre las verduras. Ase durante 30 minutos a 20 cm (8 in) de la fuente de calor, hasta que el pollo se dore y salga un jugo transparente al picar un muslo con un cuchillo filoso.

4 Mientras tanto, haga el puré: Pele las papas, las alcachofas Jerusalén y la raíz de apio y corte en trozos de 2.5 cm (1 in). Ponga a hervir en una olla grande tres cuartas partes de agua. Añada las verduras, vuelva a hervir, reduzca el fuego y cocine a fuego lento cerca de 20 minutos, hasta que estén muy suaves. Mientras tanto, en una pequeña sartén sobre fuego medio caliente la media crema y ¼ taza de caldo de pollo. Escurra las verduras y páselas por un pasapurés colocado sobre un tazón. Usando una cuchara de madera, incorpore la mantequilla al puré y añada la mezcla caliente de media crema. Si el puré está demasiado espeso, agregue más caldo. O, si lo desea, coloque en un procesador de alimentos, agregue la mantequilla, media crema y el caldo y muela hasta obtener un puré terso. Sazone al gusto con sal y pimienta. Tape herméticamente con papel aluminio para mantenerlo caliente hasta la hora de servir.

5 Cuando el pollo esté listo, páselo a un platón y cúbralo holgadamente con papel aluminio. Usando una cuchara retire la grasa de la charola para hornear. Coloque la charola sobre fuego medio-alto, añada el vino tinto y el caldo de pollo, hierva y desglase la charola, moviendo para despegar los trozos dorados. Añada la mezcla de hierbas reservada y cocine 4 ó 5 minutos, hasta que el líquido se reduzca a la mitad. Retire del fuego e incorpore la mantequilla batiendo. Cuele la salsa, desechando las verduras y sazone al gusto con sal y pimienta.

6 Para servir, usando tijeras para aves corte a lo largo del hueso de la pechuga para partir el pollo a la mitad. Corte el pollo en cuartos o retire las piernas y alas y rebane la carne de la pechuga. Divida el puré uniformemente entre platos individuales precalentados. Divida el pollo entre los platos y bañe con la salsa. Sirva de inmediato.

Sirva con un Chardonnay añejado en madera de roble.

HERB-CRUSTED RACK OF LAMB WITH SHELL BEAN RAGOUT

Espaldilla de Cordero a las Hierbas con Ragú de Frijoles

Los mejores chefs de Nueva York seleccionan cuidadosamente las carnes, aves, pescados y provisiones de la mejor calidad de los pequeños agricultores regionales. Bill Telepan chef y dueño del antiguo Judson Grill en Midtown, es famoso por su uso exclusivo de carne criada en granja. Para este platillo él compra el carnero de la granja Jamison en Pensilvania. Alimentados de hierbas y pastos nativos como el pasto azul y el trébol silvestre, y sacrificados cuando todavía son muy pequeños, los corderos de la granja Jamison son considerados entre los más sabrosos del país. Los frijoles frescos que se sirven con el cordero son cremosos y suaves y tienen mucha demanda durante su corta temporada al final del invierno.

1 Para preparar los frijoles, si usa frijoles secos, limpie y deseche la basura y los frijoles defectuosos. Enjuague bien, coloque en un tazón y agregue el agua necesaria para cubrirlos por 7.5 cm (3 in). Deje remojar por lo menos 4 horas o durante toda la noche. (O, si lo desea, para un remojo rápido, hierva los frijoles y el agua a fuego lento y cocine dos minutos. Retire del fuego, tape, y deje reposar durante una hora.) Escurra los frijoles y reserve.

2 En una olla grande a fuego medio caliente el aceite de oliva. Añada la cebolla y el ajo picado, tape y cocine cerca de 7 minutos, moviendo ocasionalmente hasta que la cebolla esté muy suave. Incorpore los frijoles frescos o los frijoles remojados y escurridos y el caldo. Hierva a fuego lento y cocine hasta que estén suaves, 15 ó 20 minutos si son frijoles frescos y 45 ó 90 minutos si son secos, dependiendo de la variedad que utilice. Si usa frijoles secos, revise el líquido cada 30 minutos y agregue el agua necesaria para que siempre estén cubiertos. Usando un mortero y su mano, machaque el diente de ajo entero hasta formar una pasta. Pase a un tazón pequeño, añada la mantequilla, el vinagre, ½ cucharadita de sal, ¼ cucharadita de pimienta y mezcle con un tenedor hasta integrar por completo. Incorpore con los frijoles calientes. Pruebe y rectifique la sazón con sal y pimienta.

3 Mientras tanto, para preparar el cordero, precaliente el horno a 230°C (450°F). Para cortar los huesos al estilo francés, recorte la mayoría de la grasa de cada costillar. Inserte el borde de un cuchillo filoso en la carne y tejido a cada lado de los huesos para señalar la parte que debe cortarse. Use el cuchillo y sus dedos para cortar y retirar la carne y el tejido que queda entre los huesos, hasta llegar a 5 cm (2 in) del extremo de los huesos. Usando el revés del filo del cuchillo, raspe la carne o el tejido restante para dejar los huesos casi limpios.

4 Caliente el aceite de oliva en una charola para hornear grande o en una sartén para asar a temperatura media-alta. Coloque los costillares en la charola con la carne hacia abajo y selle 4 ó 5 minutos, hasta que la carne se dore ligeramente. Pase la charola al horno y ase durante 7 minutos. Retire del horno, voltee el cordero y ase 5 ó 7 minutos si lo desea término medio rojo y 8 ó 10 minutos si lo desea término medio. Retire del horno, tape holgadamente con papel aluminio y deje reposar durante 15 minutos.

5 Mientras el cordero está reposando, derrita la mantequilla (sin dorar) en una sartén sobre calor alto. Añada las migas de pan y saltee 3 ó 5 minutos, hasta que estén ligeramente tostadas. Pase a un tazón. Integre el perejil, la mejorana y el tomillo y sazone con sal y pimienta al gusto. Si fuera necesario, recaliente los frijoles a fuego medio, moviendo ocasionalmente.

6 Barnice el cordero con aceite de oliva y espolvoree con la mezcla de pan molido, presionando para que se adhiera a la carne. Corte cada costillar en chuletas. Divida los frijoles uniformemente entre platos individuales precalentados y coloque 2 chuletas en cada plato sobre los frijoles. Sirva de inmediato.

Sirva con un delicioso Merlot de Long Island como el Beddell o el Lenz.

PARA LOS FRIJOLES

2 tazas (315 g/10 oz) de frijoles frescos, sin cáscara, como el cranberry (borlotti),

flageolet, runner o canellini o ⅔ taza (140 g/4½ oz) de frijoles secos

1 cucharada de aceite de oliva

½ cebolla amarilla o blanca, finamente picada

2 dientes de ajo, 1 finamente picado y 1 entero

4 tazas (1 l/32 fl oz) de caldo de pollo, caldo de verduras o agua

4 cucharadas (60 g/2 oz) de mantequilla sin sal, a temperatura ambiente

1 cucharada de vinagre de vino tinto

Sal de mar y pimienta recién molida

PARA EL CORDERO

2 costillares de cordero con 8 chuletas y de 750 g o 1 kg (1½–2 lb) cada uno

¼ taza (60 ml/2 fl oz) de aceite de oliva y el necesario para barnizar

2 cucharadas de mantequilla sin sal

¼ taza (30 g/1 oz) de migas de pan seco

1 cucharada de perejil liso (italiano) fresco, picado

11 cucharadita de mejorana fresca picada y la misma cantidad de tomillo

Rinde 4 porciones

SOFT-SHELLED CRABS WITH ROMESCO SAUCE

Cangrejo de Concha Suave con Salsa Romesco

Todos los años al final de la primavera, los clientes asiduos del Union Square Café esperan ansiosamente la llegada de los primeros cangrejos de concha suave, jóvenes cangrejos azules que son recolectados en aguas de la costa este desde Nueva Jersey hasta Carolina del Sur, siendo los más famosos los de Maryland.

La innovadora comida reconfortante o "confort food" del chef Michael Romano y los estándares de servicio impecable del dueño Danny Meyer han hecho merecedor a este café del honor de ser nombrado el restaurante favorito de Nueva York en la encuesta Zagat desde 1997. Romano sirve los cangrejos con su propia versión cremosa de la salsa Romesco y los acompaña con una ensalada verde mezclada con verduras de la temporada.

PARA LA SALSA

¼ taza (60 g/2 oz) de almendras enteras

1 taza (250 g/8 oz) de mayonesa

375 g (¾ lb) de jitomate, sin piel, sin semillas y finamente picados, (aproximadamente ¾ taza)

1 cucharada de pasta o puré de jitomate

¼ taza (60 ml/2 fl oz) de vinagre de vino tinto o al gusto

2 cucharadas de perejil liso (italiano) fresco, picado

2 dientes de ajo, finamente picados

Una pizca de pimienta de cayena o al gusto

Sal de mar y pimienta negra recién molida

PARA LOS CANGREJOS

8 cangrejos de concha suave, cada uno de 75 ó 90 g(2½ ó 3 oz)

⅓ taza (60 g/2 oz) de harina de trigo (simple)

Sal de mar y pimienta negra recién molida

⅓ taza (80 ml/3 fl oz) de aceite de oliva

Rinde 4 porciones

1 Para preparar la salsa, precaliente el horno a 180ºC (350ºF). Extienda las almendras en una charola para hornear y tueste cerca de 10 minutos, hasta dorar ligeramente. Coloque sobre un plato, deje enfriar y pique toscamente. En un tazón de material no reactivo mezcle las almendras tostadas, mayonesa, jitomates, pasta de jitomate, ¼ taza de vinagre, perejil, ajo y la pizca de pimienta de cayena; mezcle hasta integrar por completo. Sazone al gusto con sal y pimienta negra. Pruebe y rectifique la sazón con más vinagre y/o más pimienta de cayena. Tape y refrigere hasta el momento de usar.

2 Reduzca la temperatura del horno a 120ºC (250ºF). Para limpiar los cangrejos, enjuague brevemente bajo el chorro de agua fría. Quite y deseche la cubierta protectora, el trozo triangular de concha colocado en la parte inferior. Usando un cuchillo pequeño retire los ojos haciendo un pequeño corte detrás de la boca y ojos. Tenga cuidado de no quitar toda la cabeza. Exprima suavemente el cuerpo del cangrejo y utilice la punta del cuchillo para retirar la pequeña bolsa que tiene detrás de la boca. Doble hacia atrás las puntas de la concha superior colocadas a ambos lados del cangrejo y retire las agallas blancas esponjosas con forma de plumas y deseche.

3 En un platón grande mezcle la harina, ½ cucharadita de sal y ⅛ de cucharadita de pimienta negra. Enharine cada cangrejo con la harina sazonada, sacudiendo el exceso. Reserve en un plato.

4 En una sartén grande sobre fuego medio-alto caliente el aceite de oliva hasta que empiece a humear. Coloque 4 cangrejos en la sartén con el caparazón hacia abajo y cocine 3 ó 4 minutos, hasta que adquieran un color café rojizo. Usando unas pinzas voltee los cangrejos y cocine otros 3 ó 4 minutos, hasta que queden de color café rojizo por el otro lado. Pase a un refractario cubierto con toallas de papel y coloque en el horno para mantenerlos calientes mientras cocina los demás cangrejos.

5 Divida los cangrejos uniformemente entre platos individuales. Sirva de inmediato, acompañando con la salsa *romesco* para sumergirlos.

Sirva con un refrescante y ácido Pinot Grigio de Millbrook en el Valle del Río Hudson.

SKATE WITH MUSTARD BUTTER
Raya con Mantequilla de Mostaza

La raya es un pescado de agua salada con forma de papalote, pescada en el Atlántico y el Pacífico. Sus aletas, comúnmente llamadas alas, son las porciones comestibles y tienen un sabor dulce parecido al callo de hacha. A pesar de que la raya se ha disfrutado desde hace mucho tiempo en Europa, sólo hasta hace poco tiempo apareció en los menús de algunos de los restaurantes más finos y creativos de Nueva York, como Le Bernardin, WD-50 y el Harrison. Esta versión ha sido uno de los platillos favoritos del restaurante Blue Ribbon de Soho desde que sus chefs y dueños Bruce y Eric Bromberg lo inauguraron a principios de los años noventa.

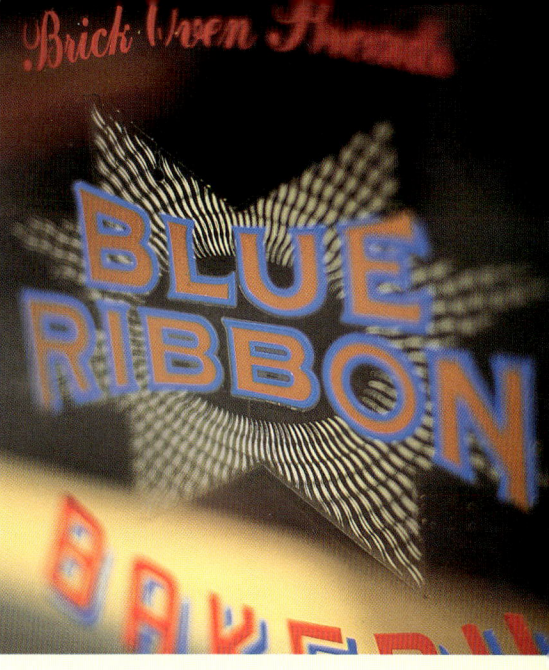

1 Precaliente el horno a 135ºC (275ºF). Coloque los dados de pan en una charola para hornear. Rocíe con el aceite de oliva, mezcle para cubrir y extienda uniformemente sobre la charola. Hornee 7 u 8 minutos, hasta que estén dorados y crujientes, moviendo ocasionalmente. Reserve.

2 En una sartén grande sobre fuego medio-alto fría el tocino aproximadamente 5 minutos, moviendo de vez en cuando, hasta que se empiece a tostar. Añada las papas y cocine cerca de 8 minutos, moviendo ocasionalmente, hasta que estén suaves y ligeramente doradas. Agregue los camarones y el perejil y cocine cerca de 3 minutos, moviendo ocasionalmente, hasta que los camarones tomen un color rosado. Sazone al gusto con sal y pimienta. Reserve.

3 En una sartén pequeña a fuego medio derrita 4 cucharadas de mantequilla y cocine cerca de 3 minutos, hasta que esté ligeramente dorada. Incorpore la mostaza y cocine batiendo constantemente, hasta que se caliente la mostaza. Reserve.

4 Coloque la harina sobre un plato. En una sartén antiadherente sobre fuego medio derrita las 2 cucharadas restantes de mantequilla. Enjuague los filetes de raya y seque con toallas de papel. Sazone ambos lados con sal y pimienta. Enharine cada filete, sacudiendo el exceso. Coloque los filetes en la sartén y cocine cerca de 3 minutos, hasta que estén ligeramente dorados. Voltee y cocine 3 minutos más, hasta que estén opacos y dorados por el otro lado.

5 Divida la mezcla de tocino uniformemente entre platos individuales precalentados. Cubra con un filete de raya y rocíe con un poco de la mantequilla de mostaza. Cubra con los dados de pan tostado, dividiéndolos uniformemente y sirva de inmediato.

Sirva con un Chardonnay afrutado y añejado en barricas de roble.

2 rebanadas de pan blanco tipo campestre o bolillo, cortado en dados de aproximadamente 6 mm (¼-in) (aproximadamente 1 taza/60 g/2 oz)

1 cucharada de aceite de oliva

90 g (3 oz) de tocino rebanado grueso, cortado en dados pequeños, (aproximadamente 1 taza)

2 papas rojas o blancas redondas, hervidas hasta que estén suaves, sin piel y cortadas en dados pequeños

16 camarones (langostinos), sin piel, limpios y cortados transversalmente en tres trozos

½ taza (15 g/½ oz) de hojas de perejil liso (italiano) fresco

Sal de mar y pimienta recién molida

6 cucharadas (90 g/3 oz) de mantequilla sin sal

2½ cucharadas de mostaza Dijon

1 taza (155 g/5 oz) de harina de trigo (simple)

4 filetes de raya, aproximadamente 1.5 kg (3 lb) en total

Rinde 4 porciones

Cenando Tarde

Nueva York es tan activa en la noche como durante el día. Los neoyorquinos salen de las inauguraciones de las galerías de arte, teatros y clubs y cuentan con un buffet de opciones, desde los cafés étnicos hasta los restaurantes finos que les ofrecen una calurosa bienvenida y extensos menús. En Greenwich Village los parroquianos hacen fila en Joe's Pizza hasta las primeras horas de la madrugada para comprar una rebanada de pizza. Los neoyorquinos saben que también pueden ir a establecimientos abiertos durante toda la noche como el Florent, un restaurante que lleva mucho tiempo en el Meatpacking District y sirve comidas sustanciosas tipo bistro a todas horas, excepto de 5 a.m. a 6 a.m. Al otro lado de la ciudad, en el East Village, el merendero ucraniano Veselka sirve cucharadas de su famoso borscht a una multitud de estudiantes de la Universidad de Nueva York y a sus asiduos vecinos las 24 horas del día, todos los días del año.

La gran dama de las cenas nocturnas es el Blue Ribbon en Soho, conocido como un lugar de reunión para los empleados de restaurantes incluyendo muchos renombrados chefs recién salidos de trabajar. El menú de Bruce y Eric Bromberg ofrece una selección casera, aunque ecléctica, de entradas y platos principales que incluyen la sopa de matzo, ostiones y pollo frito. No es raro entrar bastante después de media noche y tener que esperar más de una hora.

BAKED ZITI WITH SAUSAGE, EGGPLANT, AND PEAS

Ziti Horneado con Salchicha, Berenjena y Chícharos

El ziti horneado es una parte importante de la cultura italoamericana de Nueva York. Es un platillo descendiente de la antigua ciudad de Sicilia, en donde los ziti pueden ser tan largos como el spaghetti y se cortan en trozos pequeños para hacer timballos. Es común que las familias sirvan esta pasta horneada a la hora de la comida del domingo o en alguna otra ocasión especial. Algunas veces llamado "pasta siciliana" el ziti horneado se encuentra en los menús de casi todos los restaurantes de la Avenida Arthur en el Bronx. Algunos cocineros utilizan queso mozzarella fresco. Otros añaden una cama de queso ricotta en el centro. En esta deliciosa receta se utiliza queso mozzarella y Parmesano, así como un trío de carnes.

1 berenjena (aubergine) grande, cortada en dados de 12 mm (½-in)

Sal de mar y pimienta recién molida

¼ taza (60 ml/2 fl oz) de aceite de oliva, más el necesario para freír

1 cebolla amarilla o blanca, cortada en dados

1 tallo de apio, cortado en dados

1 zanahoria, sin piel y cortada en dados

4 dientes de ajo, picados finamente

250 g (½ lb) de salchicha dulce de puerco italiana, sin piel y desmenuzada

250 g (½ lb) de carne de ternera, finamente molida

250 g (½ lb) de carne de res, finamente molida

1 taza (250 ml/8 fl oz) de vino tinto seco

2 cucharadas de pasta o puré de jitomate

3 tazas (750 ml/24 fl oz) de puré de jitomate

2 cucharadas de azúcar

1 taza (185 g/6 oz) de chícharos pequeños, congelados

500 g (1 lb) de ziti

125 g (1/2 lb) de queso mozzarella fresco, cortado en dados de 6 mm (¼-in)

1 taza (125 g/4 oz) de queso Parmesano recién rallado, más el necesario para espolvorear

Rinde 8 porciones

1 Ponga los dados de berenjena en un colador colocado sobre un plato. Espolvoree generosamente con sal, mezcle para cubrir y deje reposar durante 30 minutos para que se escurra. Enjuague la berenjena bajo el chorro de agua fría y seque con toallas de papel.

2 En una olla grande a fuego medio caliente ¼ taza de aceite de oliva. Añada la cebolla y saltee aproximadamente 5 minutos, hasta que esté traslúcida. Agregue el apio y la zanahoria y saltee aproximadamente 10 minutos más, hasta que estén suaves. Integre el ajo y saltee cerca de 2 minutos hasta que aromatice. Añada la salchicha desmenuzada, la carne de ternera y la carne de res molida y cocine aproximadamente 5 minutos, moviendo y desmenuzando la carne hasta que quede ligeramente dorada. Agregue el vino tinto y cocine 3 ó 4 minutos, hasta que se evapore el alcohol. Incorpore la pasta de jitomate y sazone con sal y pimienta. Añada el puré de jitomate y el azúcar, reduzca a fuego bajo y cocine aproximadamente 30 minutos, hasta que la salsa espese.

3 Mientras tanto, en una sartén grande a fuego medio-alto vierta el aceite de oliva hasta obtener una profundidad de 2.5 cm (1 in). Cuando el aceite esté bien caliente y casi humeando, trabajando en tandas para evitar amontonamientos, añada una sola capa de dados de berenjena y fría 8 ó 10 minutos, volteando una o dos veces, hasta que estén dorados por todos lados. Usando una cuchara ranurada, pase a toallas de papel para escurrir.

4 Reserve una taza (250 ml/8 fl oz) de la salsa. Añada los chícharos y la berenjena frita a la salsa restante y cocine a fuego medio 5 ó 10 minutos, hasta que los chícharos estén suaves.

5 Precaliente el horno a 190°C (375°F). Engrase ligeramente con aceite un refractario de 23 x 33 cm (9 x 13 in) u 8 refractarios individuales.

6 Ponga a hervir una olla grande con agua. Añada bastante sal al agua hirviendo. Agregue el ziti y cocine 10 ó 12 minutos, hasta que esté al dente. Escurra el ziti reservando 2 tazas (500 ml/16 fl oz) del agua de cocimiento. Pase el ziti a la olla con la salsa. Añada ½ taza (125 ml/4 fl oz) del agua de cocimiento y mezcle. Agregue más agua de cocimiento si la pasta está pegajosa. Añada dos terceras partes del queso mozzarella y mezcle rápidamente. Vierta el ziti en el refractario preparado o divídalo uniformemente entre los refractarios individuales. Presione la pasta con sus manos. Disperse los cubos restantes de mozzarella y una taza de queso Parmesano sobre la superficie, dividiendo los quesos uniformemente si usa refractarios individuales.

7 Hornee aproximadamente 25 minutos si utiliza el refractario grande, hasta que el queso se derrita y la superficie esté ligeramente dorada, o 20 minutos si utiliza refractarios individuales. Retire del horno y deje reposar 5 minutos antes de servir. Si fuera necesario, caliente la salsa restante a fuego medio. Usando una cuchara vierta la salsa restante sobre cada porción y ponga más queso Parmesano rallado en la mesa.

Sirva con un vino tinto apimentado y especiado como el Syrah de Long Island.

BURGERS WITH ONION JAM

Hamburguesas con Jalea de Cebolla

NLos fanáticos de las hamburguesas en Nueva York han discutido muchos años sobre las cualidades de sus hamburguesas favoritas, que incluyen desde los sándwiches de carne molida hasta las hamburguesas tan elegantes que tienen el mismo precio que un filete. La primera versión elegante fue la "21 Burguer" que se vendió por 21 dólares en los años ochenta en el famoso Club "21" en Midtown. Esta hamburguesa fue superada rápidamente por el Old Homesteake House cuando empezó a vender una hamburguesa por 41 dólares confeccionada con carne de res japonesa de la ciudad de Kobe. En el 2001, el restaurante D B Bistro Moderne de Daniel Boulud ganó la muy publicitada "batalla de las hamburguesas" con la D B Burguer Royale, una extravagante preparación de filete molido relleno de foie gras, costillitas asadas y trufas negras.

1 Para preparar la jalea de cebolla, en una sartén grande sobre fuego medio-alto derrita la mantequilla con el aceite de oliva. Añada las cebollas dulces y cocine 10 ó 15 minutos moviendo ocasionalmente y reduciendo el fuego si empiezan a dorarse demasiado, hasta que estén suaves y traslúcidas. Añada el vinagre de sidra de manzana y el vinagre balsámico, el azúcar moscabado, una cucharadita de sal, ½ cucharadita de pimienta y ¼ taza (60 ml/2 fl oz) de agua. Reduzca el fuego y cocine a fuego lento 15 ó 20 minutos más, hasta que la mezcla de cebolla adquiera una consistencia tipo jalea. Agregue más agua si las cebollas se pegan a la sartén. Pruebe y rectifique la sazón con sal y pimienta. Reserve.

2 Para preparar las hamburguesas, tenga listo un asador de carbón o gas para asar directamente sobre fuego alto o precaliente el asador de su horno. En un tazón mezcle la carne molida, las yemas de huevo, las cebollitas de cambray, una cucharadita de sal y ¼ cucharadita de pimienta. Humedezca sus manos y mezcle los ingredientes hasta integrar por completo. Forme cuatro tortitas, cada una de 2.5 cm (1 in) de grueso. Coloque en la parrilla del asador o directamente debajo del asador del horno y cocine, volteando una sola vez, 4 minutos de cada lado para término medio rojo, 4.5 minutos de cada lado para término medio o 5 minutos para término cocido.

3 Mientras las hamburguesas se están asando, mezcle en un tazón pequeño la mayonesa y el rábano picante. Unte la mezcla sobre 4 rebanadas del pan tostado. Cubra los otros 4 panes con la mostaza Dijon y luego con el paté, si lo usa.

4 Coloque una hamburguesa sobre cada rebanada de pan cubierta con mostaza Dijon. Cubra cada una con una porción de jalea de cebolla, pepinillos, una hoja de lechuga y una rebanada de pan untada con mayonesa y rábano picante. Sirva de inmediato.

Sirva con un vino tinto de cuerpo medio como alguna mezcla de Cabernet Savignon con Cabernet Franc.

PARA LA JALEA DE CEBOLLA

2 cucharadas de mantequilla sin sal

2 cucharadas de mantequilla sin sal

2 cucharadas de aceite de oliva

¼ taza (60 ml/2 fl oz) de vinagre de sidra de manzana y la misma cantidad de vinagre balsámico

½ taza (105 g/3 ½ oz) compacta de azúcar moscabado

Sal de mar y pimienta recién molida

PARA LAS HAMBURGUESAS

750 g (1 ½ lb) gde espaldilla de res, finamente molida

2 yemas de huevo

3 escalonias o cebollitas de cambray, únicamente la parte blanca, finamente picada

Sal de mar y pimienta recién molida

3 cucharadas de mayonesa

2 cucharadas de rábano picante

8 rebanadas de pan crujiente estilo italiano o bolillo, cada una de aproximadamente 12 mm (½ in) de grueso, tostadas

Mostaza Dijon

125 g (¼ lb) de paté suave de ganso o pato (opcional)

Pepinillos dulces

4 hojas de lechuga francesa

Rinde 4 porciones

MISO-MARINATED BLACK COD

Bacalao Marinado en Miso

Cuando el restaurante Nobu abrió sus puertas en Tribeca en 1995, los neoyorquinos acudieron a él por muchas razones: por su afamado chef Nobo Matsuhisa, por su célebre socio y residente de Tribeca, Robert De Niro y por el legendario restaurantero neoyorquino, Drew Nieporent. Sin embargo, los clientes hablaban acerca del bacalao. El filete se presentaba en un plato con su exterior caramelizado contrastando con la resplandeciente y blanca carne debajo de él. Era asombroso que algo tan sencillo pudiera tener tanto sabor. Un platillo similar se ha convertido en un plato básico en los restaurantes japoneses y de fusión en toda la ciudad.

½ taza (125 ml/4 fl oz) de mirin

⅓ taza (80 ml/3 fl oz) de sake

1 taza (250 g/8 oz) de miso blanco

½ taza (125 ml/4 fl oz) de azúcar

4 filetes de bacalao de aproximadamente 185 g (6 oz) cada uno

Rinde 4 porciones

1 En una sartén sobre fuego medio mezcle el mirin con el sake y hierva a fuego lento cerca de un minuto para que se evapore el alcohol. Añada el miso y el azúcar y mueva con una cuchara de madera hasta obtener una consistencia tersa. Hierva a fuego lento y cocine cerca de 3 minutos, moviendo constantemente, hasta que el azúcar se disuelva. Deje reposar para que se enfríe.

2 Enjuague los filetes de bacalao y seque con toallas de papel. Reserve 3 cucharadas de la marinada en un recipiente hermético dentro del refrigerador para utilizarlo más tarde. Vierta la mitad de la marinada de miso restante en un plato poco profundo de material no reactivo y lo suficientemente grande para dar cabida a los filetes en una sola capa. Añada los filetes y vierta la marinada restante sobre el pescado. Tape y refrigere por lo menos 2 días o hasta por 3 días.

3 Precaliente el asador del horno. Retire del refrigerador la marinada reservada y deje reposar hasta que esté a temperatura ambiente.

4 Retire los filetes de bacalao de la marinada y seque ligeramente con toallas de papel. Deseche la marinada. Coloque los filetes en una sola capa sin tocarse, sobre una charola para hornear. Ase los filetes a 20 cm (8 in) de la fuente de calor cerca de 10 minutos, hasta que el pescado se caramelice y se dore. Retire del horno, voltee los filetes y ase 3 ó 5 minutos más, hasta que la carne se separe en láminas fácilmente.

5 Divida los filetes entre platos individuales precalentados. Bañe con la marinada reservada y sirva.

Sirva con un delicioso y suave vino Viognier con sabor a especias como el Casa Larga Viognier de la zona de los Finger Lakes.

Los vegetales para las guarniciones pueden llegar del Valle del Río Hudson de Long Island, pero son sazonados con condimentos de otros continentes.

Los neoyorquinos son conocidos por marcar románticamente el cambio de las cuatro estaciones y esto es más palpable en las guarniciones tanto de los menús de los restaurantes como en las mesas caseras. Un platillo fuerte puede ser el mismo durante todo el año, pero la disponibilidad de vegetales marca el ritmo de la temporada: acelgas para la primavera, elotes para el verano, colecitas de Bruselas para el otoño y tubérculos para el invierno. Las preparaciones toman ventaja del paladar mundial de los neoyorquinos. A la coliflor se le da acento siciliano mezclándola con alcaparras y pasitas; un gratín de papas con hinojo tiene un toque francés y el brócoli rabé con ajo asado nos evoca el norte de Italia.

POTATO, FENNEL, AND THREE-CHEESE GRATIN

Papas e Hinojo Gratinados a los Tres Quesos

La escena gastronómica contemporánea de Nueva York puede trazar sus orígenes a la cocina francesa servida en Le Pavillion, indiscutiblemente el restaurante más influyente de la historia restaurantera de Nueva York. Le Pavillion y los restaurantes que surgieron de éste ahora están cerrados, pero una nueva generación de restaurantes, brasseries y bistros franceses comprueban que los neoyorquinos siguen siendo tan leales a la comida francesa como siempre. Muchos de ellos todavía visitan instituciones como el Daniel, Le Bernardin, Chanterelle y Jean Georges. Otros prefieren los bistros franceses como Raoul's, Les Halles, Quatorze Bis, Balthazar y Pastis. Este sencillo budín casero es un típico giro neoyorquino de la guarnición clásica de un bistro.

1 Precaliente el horno 180ºC (350ºF). En una olla gruesa mezcle la crema, caldo, mantequilla, ajo, hoja de laurel, ramas de tomillo, hojuelas de chile, nuez moscada, 2 cucharaditas de sal y ½ cucharadita de pimienta negra. Deje hervir a fuego medio, reduzca el calor a bajo y deje cocinar a fuego lento cerca de 15 minutos, para que se integre la crema con los sazonadores.

2 Mientras tanto, usando una mandolina o un cuchillo filoso rebane las papas lo más delgado posible. Corte los tallos y las frondas de cada bulbo de hinojo y deseche. Deseche la capa externa del bulbo si está dura y deseche las partes decoloradas. Corte el bulbo longitudinalmente en cuartos y corte las partes duras de la base. Corte los cuartos longitudinalmente en tiras de 6 mm (¼ in) de ancho.

3 En un tazón pequeño mezcle los quesos Parmesano, Gruyère y Fontina. Acomode una cuarta parte de las rebanadas de papa en la base de un refractario o platón para gratín de 10 x 30 cm (8 x 12 in) o un platón extendido con capacidad de 2 litros (2 qt). Espolvoree uniformemente con ¼ taza (30 g/1 oz) de la mezcla de quesos. Cubra con un tercera parte de las tiras de hinojo, distribuyéndolas uniformemente y con ¼ taza más de la mezcla de quesos. Repita las capas; deberá tener un total de 4 capas de rebanadas de papa y tres capas de tiras de hinojo, terminando con una capa de rebanadas de papa. Vierta la mezcla de crema a través de un colador de malla media sobre la superficie. Espolvoree uniformemente con la ½ taza (60 g/2 oz) de mezcla de queso restante.

4 Tape el refractario herméticamente con papel aluminio. Hornee durante una hora. Retire y deseche el papel aluminio y continúe horneando cerca de 30 minutos más, hasta que las papas estén suaves y el budín esté dorado y burbujeante. Retire del horno y deje que el budín repose de 10 a 15 minutos antes de servir.

---

1 taza (250 ml/8 fl oz) de crema espesa (doble)

1¾ taza (430 ml/14 fl oz) de caldo de pollo

3 cucharadas de mantequilla sin sal

2 dientes de ajo, machacados

1 hoja de laurel

2 ramas de tomillo fresco

Una pizca de hojuelas de chile rojo

Una pizca de nuez moscada, recién rallada

Sal de mar y pimienta negra recién molida

1 kg (2 lb) de papas doradas Yukon, sin piel

2 bulbos de hinojo, aproximadamente 500 g (1 lb) en total

½ taza (60 g/2 oz) de queso Parmesano, recién rallado

¾ taza (90 g/3 oz) de queso Gruyère, rallado

¾ taza (90 g/3 oz) de queso Fontina, rallado

Rinde 8 porciones

CREAMED SWISS CHARD

Acelgas a la Crema

La mayoría de la cocina de Nueva York radica en hacer una revisión ligera de las recetas clásicas. Las acelgas, una alternativa más nutritiva que los vegetales verdes como la espinaca, se pueden asar, brasear o, como en esta receta, usar como una variación de las espinacas a la crema una receta ubicua en las opciones a la carta de los tradicionales restaurantes de carnes de Nueva York. En el restaurante Del Frisco's Double Eagle Steak House, uno de los restaurantes favoritos del exalcalde Rudolph Giulliani, la acelga es salteada con chalotes y ajos. Se agrega la suficiente crema a esta versión para suavizar el sabor y la textura de las verduras ligeramente amargas. Éstas son un magnífico acompañamiento para el pato, pollo y cordero así como para un filete de res.

2 kg (4 lb) de acelgas

4 cucharadas (60 g/2 oz) de mantequilla sin sal

2 dientes de ajo, machacados

1 chalote, picado

¼ taza (60 ml/2 fl oz) de crema espesa (doble)

Sal de mar y pimienta negra recién molida

Rinde 4 porciones

1 Corte los tallos de las acelgas y deseche. Corte las hojas desde el centro de la costilla. Coloque las hojas en una olla grande con una taza (250 ml/8 fl oz) de agua. Tape y deje hervir sobre fuego alto. Reduzca el fuego a medio y cocine de 5 a 7 minutos, hasta que las acelgas estén suaves. Escurra. Pase a una tabla de picar y pique la acelga toscamente.

2 En la misma olla sobre fuego medio derrita la mantequilla. Añada el ajo y el chalote y saltee cerca de 2 minutos, hasta suavizar. Agregue la acelga y la crema y hierva sobre fuego medio. Reduzca el fuego a bajo y hierva a fuego lento aproximadamente 5 minutos, hasta que la acelga absorba la crema. Sazone al gusto con sal y pimienta y sirva de inmediato.

MAPLE-CARAMELIZED ROOT VEGETABLES
Vegetales Caramelizados al Maple

El estado de Nueva York es el cuarto productor mundial de miel de maple. Durante el invierno la miel y los dulces de maple se venden en todos los mercados de agricultores alrededor de la ciudad de Nueva York. Los chefs se aprovechan de la producción local para endulzar y sazonar un sin fin de preparaciones, desde las marinadas hasta los helados. Alex Paffenroth de la granja Paffenroth Farm localizada al norte de la cuidad de Nueva York, es conocida por su extensa variedad de tubérculos raros, incluyendo anomalías como las papas moradas, betabeles blancos y zanahorias redondas blancas y moradas.

1. Precaliente el horno 200°C (400°F). Pele los tubérculos. Corte los tubérculos largos como las zanahorias y las pastinacas diagonalmente a lo largo en trozos de 5 cm (2 in). Corte los nabos y demás tubérculos redondos en trozos de 5 cm (2 in). Coloque en una charola de horno con bordes. Rocíe con aceite de oliva y la miel maple. Espolvoree con sal y pimienta y mezcle para cubrir con los sazonadores. Extienda los tubérculos en una sola capa y esparza los trozos de mantequilla sobre ellos.

2. Ase los tubérculos cerca de 30 minutos, volteándolos de vez en cuando, hasta que estén suaves y dorados. Pase a un tazón de servicio precalentado y sirva de inmediato.

750 g (1½ lb) de tubérculos como zanahorias, pastinacas, nabos, colinabos camotes y/o salsifí

¼ taza (60 ml/2 fl oz) de aceite de oliva extra virgen

¼ taza (60 ml/2 fl oz) de miel de maple

Sal de mar y pimienta negra recién molida

2 cucharadas de mantequilla sin sal, cortada en trozos pequeños

Rinde 4 porciones

Granjas del Valle del Río Hudson

El Valle del Río Hudson se ha valorado por mucho tiempo por su gran belleza y su abundancia de recursos, tanto de agua como de tierra, el cual alimenta a la ciudad de Nueva York. En los años 1600, la tierra fértil atrajo a agricultores inmigrantes muy trabajadores. Estas granjas prosperaron hasta la llegada de granjas comerciales, las cuales dificultaron a los pequeños agricultores la competencia en el mercado. Entre 1996 y 2001 el Condado de Dutchess, uno de los 5 condados del valle, perdió casi la mitad de sus cultivos de manzanas.

A medida que los chefs se apasionaron por el uso de productos locales y los consumidores se preocuparon por el cultivo de sus alimentos, los neoyorquinos cada vez buscaron más la generosidad del Valle del Río Hudson. Los dueños de las granjas aprendieron técnicas del mercado, las cuales les ayudaron a asegurar su supervivencia. Por ejemplo, la granja Ronnybrook Farm Dairy cambió su fabricación para producir leche en botellas de vidrio. En sus viajes al mercado de agricultores, los agricultores aprendieron los gustos de sus clientes y empezaron a diversificarse cultivando variedades inusuales como zanahorias blancas, col negra y hortalizas miniatura. Otros agricultores se unieron en grupos o cooperativas para vender sus productos a algunos de los mejores restaurantes de Nueva York.

ZUCCHINI WITH TOASTED ALMONDS AND PECORINO ROMANO

Calabacitas con Almendras Tostadas y Queso Pecorino Romano

Los chefs de Nueva York viajan por el mundo buscando inspiración, la cual llevan a casa y añaden a su vocabulario culinario global. Jimmy Bradley chef y copropietario del Red Cat, The Harrison y The Mermaid Inn, creció en una familia italoamericana cuya vida se centraba alrededor de la cocina y del comer. La inspiración para esta receta viene de un platillo similar que él descubrió en un pequeño restaurante llamado Rosanna e Mateo en el ghetto judío de Roma. Este platillo se puede servir como entrada o como guarnición para una comida veraniega tipo italiano, como lo son filetes a la parrilla rociados con aceite de oliva.

6 calabacitas medianas (courgettes), aproximadamente 750 g (1½ lb) en total

¼ taza (60 ml/2 fl oz) de aceite de oliva extra virgen

¼ taza (30 g/1 oz) de hojuelas de almendras

Sal de mar y pimienta negra recién molida

Una rebanada de queso pecorino romano

Rinde 4 porciones

1. Retire las puntas de las calabacitas y córtelas longitudinalmente en rebanadas de 3 mm (⅛ in) de grueso. Corte cada rebanada en bastones de aproximadamente 3 mm (⅛ in) de ancho por 5 cm (2 in) de largo.

2. Divida el aceite de oliva entre 2 sartenes y coloque a fuego alto. Cuando el aceite esté caliente, añada las almendras dividiéndolas entre los dos sartenes y cocine cerca de 2 minutos, moviendo constantemente hasta dejar doradas. Divida las calabacitas entre los sartenes, apague el fuego y mezcle para cubrir con el aceite caliente hasta que se calienten bien, cerca de 30 segundos. Sazone al gusto con sal y pimienta.

3. Divida las calabacitas entre platos individuales precalentados o coloque sobre un platón de servicio pequeño. Usando un pelador de verduras o un cortador de quesos, rasure lajas del trozo de pecorino romano sobre las calabacitas y sirva de inmediato.

BROCCOLI RABE WITH ROASTED GARLIC

Brócoli Rabé con Ajo Asado

Los tallos largos de brócoli fritos con ajo en bastante aceite son un alimento básico de los restaurantes de la antigua escuela italiana de Manhattan y sus suburbios. A medida que los restaurantes más nuevos han empezado a reflejar un espectro más amplio de la cocina italiana regional, el brócoli rabé, vegetal favorito del norte de Italia ha crecido en popularidad. También conocido como rapini, está dotado de tallos verdes y floretes, pero tiene una relación más cercana con las coles y los nabos. En esta versión, su placentera amargura se balancea por el dulce sabor a nuez del ajo asado. El brócoli rabé es una magnífica guarnición para el puerco asado, filetes de res a la parrilla o para la pasta.

1 Para preparar el ajo asado, precaliente el horno a 180°C (350°F). Separe la cabeza de ajo en dientes individuales. Coloque 2 trozos de papel aluminio de 15 cm (6 in) juntos, uno sobre el otro. Coloque los dientes de ajo en el centro, rocíe con aceite de oliva y espolvoree con sal y pimienta. Levante las esquinas del aluminio y junte en el centro para formar un paquete apretado. Ase el ajo de 30 a 40 minutos, hasta que esté suave y cremoso. Deje que el ajo se enfríe ligeramente y, cuando esté lo suficientemente frío para poder tocarlo, presiónelo fuera de su piel. Deseche la piel.

2 Mientras tanto, corte y deseche la parte dura de la punta del tallo del brócoli rabé. Coloque el brócoli rabé en una olla grande con ½ taza (125 ml/4 fl oz) de agua. Tape y deje hervir sobre fuego alto. Reduzca el fuego a medio-bajo y deje cocer el brócoli rabé al vapor, cerca de 5 minutos, hasta que esté suave y de color verde brillante. Escurra y corte en trozos de 2.5 cm (1 in).

3 En una sartén grande sobre fuego medio caliente el aceite de oliva. Añada las hojuelas de chile y el ajo asado con el aceite que haya quedado en el aluminio y sofría 3 ó 4 minutos para dar sabor al aceite. Agregue el brócoli rabé, mezcle y sofría cerca de 3 minutos, hasta que se haya calentado lo suficiente. Sazone al gusto con sal y pimienta negra y sirva.

PARA EL AJO ASADO

1 cabeza de ajo

2 cucharadas de aceite de oliva extra virgen

Sal de mar y pimienta negra recién molida

1.5 kg (3 lb) de brócoli rabé

¼ taza (2 fl oz/60 ml) de aceite de oliva

Una pizca de hojuelas de chile rojo

Rinde 6 porciones

BRUSSELS SPROUTS WITH BACON VINAIGRETTE
Colecitas de Bruselas con Vinagreta de Tocino

En el otoño después de que la primera helada ha caído en las tierras de cultivo, los vegetales de la familia crucíferae la cual incluye la coliflor, col, brócoli, hortalizas verdes y colecitas de Bruselas sustituyen a los jitomates y los elotes en los menús con influencia de los mercados de toda la ciudad. En las manos diestras de los cocineros, las calumniadas colecitas de Bruselas tienen un distintivo sabor a nuez el cual resalta en las preparaciones sencillas. En el restaurante de tapas de Mario Batali, Casa Mono, éstas se cocinan a la plancha y se aderezan con limón y tomillo. Las colecitas de Bruselas también se pueden realzar con sabores más fuertes como el tocino y el vinagre balsámico como en esta receta.

6 rebanadas de tocino

2 cucharadas de vinagre balsámico blanco o vinagre balsámico

½ cucharadita de mostaza Dijon

1 diente de ajo, picado

1 cucharadita de tomillo fresco, picado

½ taza (125 ml/4 fl oz) de aceite de oliva extra virgen

Sal de mar y pimienta recién molida

750 g (1½ lb) de colecitas de Bruselas

2 cucharadas de mantequilla sin sal

Rinde 6 porciones

1 En una sartén sobre fuego medio-bajo fría las rebanadas de tocino de 7 a 8 minutos, volteando ocasionalmente, hasta que estén crujientes. Escurra sobre toallas de papel.

2 Mientras tanto, en un tazón pequeño bata el vinagre con la mostaza, ajo y tomillo, Batiendo constantemente vierta el aceite de oliva en hilo lento y continuo. Sazone al gusto con sal y pimienta.

3 Retire las hojas exteriores de cada colecita de Bruselas y deseche las que estén estropeadas. Continúe retirando las hojas, usando un pequeño cuchillo filoso corte para retirar el corazón. En una olla grande sobre fuego medio derrita la mantequilla. Añada las hojas de las colecitas de Bruselas y ½ taza (125 ml/4 fl oz) de agua. Tape y aumente el fuego a alto; deje hervir. Reduzca el fuego a medio-bajo y cueza las hojas al vapor cerca de 7 minutos, hasta que estén suaves y de color verde brillante, añadiendo más agua a la olla si estuviera seca. Escurra y pase a un tazón de servicio.

4 Desmorone el tocino y añada el aceite de oliva a la mezcla. Rocíe sobre las hojas de las colecitas de Bruselas y mezcle para cubrir. Sazone al gusto con sal y pimienta y sirva de inmediato.

LONG ISLAND SUCCOTASH SALAD

Ensalada Succotash al Estilo Long Island

Esta ensalada es un tributo a esas pocas semanas del año a finales del verano, cuando las habas verdes están en su apogeo, los elotes jugosos se apilan en los puestos de las granjas y las papas están tan frescas que se cocinan casi al instante. En los Hamptons, una zona de veraneo en Nueva York, algunos de los puestos de las granjas acostumbran asar los elotes como se pide en esta ensalada, lo que los hace ligeramente chiclosos y resalta su dulzura. Esta versión de succotash es el tipo de alimento campestre modernizado que se puede encontrar en muchas tiendas de alimentos sofisticados de los Hamptons y también en la Ciudad de Nueva York.

1. Precaliente el horno 200°C (400°F). Coloque los granos de elote en una charola de horno. Rocíe con 2 cucharadas de aceite de oliva y sazone con sal y pimienta. Mezcle para cubrir los granos de elote con los sazonadores y extienda en una capa uniforme. Ase cerca de 15 minutos, hasta que el elote se marchite y dore ligeramente.

2. Mientras tanto, si usa habas verdes, ponga a hervir en una olla grande tres cuartas partes de agua sobre calor alto. Añada las habas verdes y blanquee durante un minuto. Escurra y enjuague bajo el chorro del agua fría. Apriete cada haba para que salga de la vaina y reserve.

3. En una sartén grande sobre fuego bajo mezcle las 4 cucharadas (60 ml/2 fl oz) restantes de aceite de oliva y ½ taza (125 ml/4 fl oz) de agua. Añada las papas, sazone con sal y pimienta, tape y deje cocer a fuego lento de 10 a 20 minutos, hasta que las papas estén suaves y empiecen a chisporrotear. El tiempo de cocción dependerá del tamaño y frescura de las papas; añada más agua a la sartén si se llegará a secar antes de que las papas estén suaves. Destape la olla, mezcle las papas con el aceite que quedó en la sartén y saltee cerca de 5 minutos, hasta dorar ligeramente.

4. Para preparar la vinagreta, en un tazón pequeño integre el vinagre, mostaza y miel. Integre aceite de oliva batiendo y sazone al gusto con sal y pimienta.

5. En un tazón grande mezcle el elote, habas, papas, cebolla, perejil y tomillo. Rocíe con la vinagreta y mezcle cuidadosamente hasta cubrir. Sirva de inmediato.

PARA LA ENSALADA

6 mazorcas de elote amarillo, sin hojas y cortadas en dientes (aproximadamente 3 tazas)

6 cucharadas (90 ml/3 fl oz) de aceite de oliva

Sal de mar y pimienta recién molida

2 tazas (315 g/10 oz) de habas verdes frescas, sin su cáscara

500 g (1 lb) de papas rojas pequeñas como las fingerling, Yukon gold o de piel roja, sin piel y partidas en cuartos

¼ de cebolla morada, cortada en rebanadas delgadas

2 cucharadas de perejil liso (italiano), fresco, finamente picado

2 cucharaditas de tomillo fresco, picado

PARA LA VINAGRETA

3 cucharadas de vinagre de vino tinto

½ cucharadita de mostaza Dijon

1 cucharadita de miel de abeja

⅓ taza (80 ml/3 fl oz) de aceite de oliva extra virgen

Sal de mar y pimienta recién molida

Rinde de 6 a 8 porciones

Bodegas de Vino de Long Island

La punta este de Long Island es conocida principalmente por los Hamptons, el lugar de esparcimiento de la gente adinerada. Sin embargo, esta zona está adquiriendo otro perfil como una de las regiones vitivinícola más nuevas. Alex y Louisa Hargrave, fundadores de Hargrave Vineyards, fueron los pioneros en 1975, cuando plantaron el primer viñedo en lo que anteriormente habían sido campos de cultivos de maíz y papa en el pueblo de Cutchogue en North Fork. La tierra arenosa, bien drenada y el clima marítimo demostró ser ideal para crear vinos afrutados, bien balanceados con una intensa acidez. Treinta años después Long Island y principalmente la zona de North Fork, tiene más de tres mil acres de viñedos y treinta bodegas de vino que producen Merlots, Cabernet Sauvignons y Chardonnays reconocidos nacionalmente.

Estos son los tipos de vinos que David Page y Barbara Shinn, dueños de Home un restaurante en Greenwich Village y Shinn Vineyards en North Fork, consideran deliciosos al tomarlos con alimentos. La carta de vinos del Home contiene únicamente vinos de la Costa Este. En Vintage New York, una tienda de vinos ubicada en Soho que se dedica exclusivamente a vender vinos del estado de Nueva York, se pueden probar por copa las doscientas variedades de vinos.

ROASTED CAULIFLOWER, SICILIAN STYLE
Coliflor Asada al Estilo Sicilia

Hace tres siglos, antes de que Southhampton llegara a ser el hogar elegante de enormes mansiones millonarias y enormes predios, era una comunidad agrícola en donde las papas, fresas y coliflor eran los principales cultivos. Hoy en día, el estado de Nueva York está ranqueado en el tercer lugar en la producción de coliflor en toda la nación, a pesar de que las principales áreas de cultivo se hayan traslado al Valle del Río Hudson y más al norte del estado. En otoño e invierno los cocineros de Nueva York utilizan la coliflor en diferentes maneras. Desde sopas hasta currries, servidas al natural o asadas, este versátil vegetal se encuentra en los restaurantes de toda la ciudad.

2 cucharadas de alcaparras, de preferencia empacadas en sal

1 cabeza de coliflor, de aproximadamente 500 g (1 lb), sin corazón y cortada en floretes de cerca de 2.5 cm (1 in) de diámetro

½ taza (90 g/3 oz) de pasitas doradas (sultanas)

¼ taza (60 ml/2 fl oz) de aceite de oliva extra virgen

Sal de mar y pimienta recién molida

2 cucharadas de perejil liso (italiano) fresco, finamente picado

Rinde 4 porciones

1 Precaliente el horno 200°C (400°F). Si usa alcaparras empacadas en sal, enjuague y seque con toallas de papel. Mezcle los floretes de coliflor con las pasitas y alcaparras en una charola para hornear con bordes. Rocíe con el aceite de oliva, espolvoree con sal y pimienta y mezcle para cubrir con los sazonadores. Extienda los floretes en una capa uniforme.

2 Ase la coliflor de 20 a 25 minutos, moviendo de vez en cuando, hasta dorar. Pase a un tazón de servicio. Espolvoree con una cucharada de perejil y mezcle. Espolvoree con el perejil restante. Sirva caliente o a temperatura ambiente.

La fruta de la estación se disfruta en crujientes, tartas, nieves y helados, pero para muchos neoyorquinos no hay nada mejor como terminar una comida con una rebanada de pastel de queso.

Muchos postres se hacen con fruta. Las moras azules del verano se convierten en nieves o helados y se sirven con galletas de azúcar doradas. Un clásico crujiente se acompaña con dulces fresas y ácido ruibarbo adornado con una bola acidulada de helado de buttermilk. El otoño es la temporada adecuada para preparar una rústica tarta usando las manzanas cosechadas al norte de la ciudad. Incluso en los restaurantes más finos los comensales desean terminar su comida con un budín de pan estilo campestre o una versión moderna de alguna especialidad francesa como los profiteroles. Los clientes hacen fila en las pastelerías para comprar mantecadas decoradas o en las tiendas especializadas en alimentos para ordenar una rebanada gruesa del postre icono favorito de la ciudad: el pastel de queso estilo Nueva York.

NEW YORK CHEESECAKE

Pastel de Queso al Estilo Nueva York

El pastel de queso aparece en todos los menús de los merenderos de Nueva York y en algunos restaurantes elegantes como Daniel y Gramercy Tavern. Sin embargo, el debate acerca de cuál es el mejor de ellos se limita a sólo unos cuantos que definen su género como el pastel de queso con tiras de cítricos de Lindy y el de ricotta estilo siciliano de Veniero, preparado en esta pastelería desde hace más de un siglo. La prestigiada casa de pasteles de queso Junior's, en la Avenida Flatbush, utiliza una delgada capa de pastel esponja para la base. En esta receta presentamos un relleno esponjoso al estilo del Junior's acompañado con una base de galletas molidas.

1 Para preparar la base, precaliente el horno 165°C (325°F). Engrase generosamente la base y orillas de un molde desmoldable de 23 cm (9 in). En un tazón mezcle la mantequilla derretida, las galletas Marías molidas y el azúcar hasta que las moronas estén uniformemente húmedas. Pase la mezcla de moronas al molde desmoldable preparado y presione uniformemente sobre la base, aproximadamente 4 cm (1½ in) de altura sobre los lados del molde. Hornee cerca de 10 minutos, hasta que la base se seque ligeramente. Pase a una rejilla de alambre y deje enfriar por completo.

2 Para preparar el relleno, coloque el queso crema en un tazón grande. Usando una batidora eléctrica a velocidad alta, bata cerca de 5 minutos hasta dejar terso. En un tazón mezcle el azúcar con la harina. Añada al queso crema y bata hasta integrar, deteniéndose de vez en cuando para bajar con una espátula de hule la mezcla de los lados del tazón. Agregue los huevos y la yema de huevo, uno por uno, batiendo después de cada adición y deteniéndose para raspar los lados del tazón. Agregue la crema y la vainilla y bata hasta integrar por completo. Vierta la mezcla de queso crema sobre la base preparada.

3 Hornee de 80 a 90 minutos, hasta que el pastel de queso se cuaje y el centro tiemble ligeramente (tenga cuidado de no sobre cocinar). Pase el pastel de queso a una rejilla y deje enfriar en el molde. Tape con plástico adherente y refrigere por lo menos 4 horas o durante toda la noche.

4 Abra los lados del molde y retire la base. Para cortar el pastel de queso, pase un cuchillo delgado debajo del chorro de agua caliente y seque antes de cada corte. Corte el pastel en rebanadas y sirva frío.

PARA LA BASE

5 cucharadas (75 g/2½ oz) de mantequilla sin sal, derretida, más la necesaria para barnizar el molde

1¼ taza (112 g/3¾ oz) de galletas Marías molidas (aproximadamente 30 galletas)

2 cucharadas de azúcar

PARA EL RELLENO

1.25 kg (2½ lb) de queso crema, a temperatura ambiente

2 taza (500 g/1 lb) de azúcar

⅓ taza (60 g/2 oz) de harina de trigo (simple)

2 huevos, más 1 yema de huevo

1 taza (250 ml/8 fl oz) de crema dulce para batir

1 cucharadita de extracto (esencia) de vainilla

Rinde de 8 a 10 porciones

Pastel de Queso

Las variedades del clásico pastel de queso van desde el "terso" de Carnegie Deli cubierto con cerezas y el pastel de queso con sabor a capuchino de Eileen's hasta el de queso de cabra y las versiones de fruta de la estación. Pero el sencillo y tradicional pastel de queso neoyorquino, con su sedoso y ácido sabor opaca a todos los demás.

Los neoyorquinos gustosamente admiten que ellos no fueron los primeros en crear los pasteles a base de queso crema fresco. Los cocineros europeos ya habían preparado pasteles de queso en varias formas desde hacía cientos de años. Pero el pastel de queso de Nueva York, un pastel muy específico, debe su perfeccionamiento a la llegada del queso crema. A finales de los años 1800, la compañía Empire Cheese en Nueva York empezó a producir el suave y terso queso crema llamado Philadelphia. Poco tiempo después, Joseph e Isaac Breakstone abrieron una tienda de productos lácteos en el Lower East Side. En los años veinte empezaron a vender el queso crema Downsville.

Al introducir el nuevo queso los pasteleros judíos prepararon el pastel de textura sedosa que sigue siendo un pastel básico en las tiendas judías especializadas en alimentos, en los merenderos griegos, los restaurantes de carnes de Nueva York y las pastelerías de los vecindarios de los 5 distritos.

HONEY-POACHED QUINCES WITH FRESH RICOTTA AND PISTACHIOS

Membrillos al Vapor con Miel, Queso Ricotta y Pistaches

En otoño, cuando los membrillos empiezan a llegar a los puestos de la granja Locust Grove, actualmente una de las pocas granjas que los cultivan para vender en los mercados de Nueva York, los chefs encuentran innumerables formas de usar estas frutas, por ejemplo en galettes y chutneys o preparados en almíbar. Al cocer los membrillos al vapor se tornan de un color rosa muy bello y se resalta su sabor sutil. Ya que éste es un postre sencillo, la calidad del queso ricotta es importante. Busque queso ricotta fresco y trate de que sea de oveja. La compañía Old Chatham Sheepherding, en el Valle del Río Hudson, produce un queso ricotta de leche de oveja particularmente delicado (página 62).

¼ taza (30 g/1 oz) de pistaches crudos, sin cáscara y sin sal

4 membrillos grandes, aproximadamente 1 kg (2 lb) en total

1 taza (375 g/12 oz) de miel de lavanda

1 cucharadita de clavos enteros

4 piezas de anís estrella

1 rama de canela

La piel de un limón, cortada en tiras anchas

1 taza (250 g/8 oz) de queso ricotta fresco, de preferencia de leche de cabra (vea nota)

Rinde 4 porciones

1 Precaliente el horno a 180°C (350°F). Esparza los pistaches sobre una charola para hornear y tueste cerca de 10 minutos, hasta que aromaticen y se doren ligeramente. Coloque en un plato, deje enfriar y pique toscamente.

2 Pele los membrillos, reservando la piel. Corte cada membrillo en cuartos y retire el corazón, asegurándose de retirarlo por completo. Coloque los cuartos de membrillo en una olla grande. Añada la miel, clavos, anís estrella, raja de canela y 4 tazas (1 l/32 fl oz) de agua. Coloque la piel de los membrillos y la piel del limón en un cuadro de manta de cielo (muselina) de 15 cm (6 in), cierre las esquinas y amarre con hilo de cáñamo para cocina. Coloque el atado de manta de cielo en la olla, hierva a fuego medio-alto, reduzca el fuego a bajo, tape y cueza los membrillos al vapor de 15 a 20 minutos, hasta que estén suaves.

3 Retire y deseche el atado de manta de cielo. Usando una cuchara ranurada pase los cuartos de membrillo a un tazón. Aumente el fuego a alto y cocine el líquido de cocimiento cerca de 5 minutos, hasta que se convierta en un jarabe y se reduzca a la mitad. Deje enfriar a temperatura ambiente.

4 Divida el queso ricotta en 4 tazones poco profundos. Coloque 4 cuartos de membrillo alrededor de cada porción de ricotta. Rocíe con el jarabe, incluyendo las especias enteras sobre los membrillos y el ricotta. Decore con los pistaches, dividiéndolos uniformemente y sirva de inmediato.

Sirva con un delicioso Gewürztraminer de cosecha tardía como el Pindar Late Harvest Gewurztraminer de Long Island.

STRAWBERRY-RHUBARB CRISP WITH BUTTERMILK ICE CREAM

Crujiente de Fresas y Ruibarbo con Helado de Buttermilk

Cada abril, después del largo y frío invierno, los neoyorquinos se ponen felices al encontrar los dos primeros heraldos de la primavera en los mercados de agricultores: ramas con botones de cerezos y pilas de tallos de ruibarbo también llamado ruipóntico, el cual casi siempre se cocina como fruta. De hecho, en 1947 la Corte de los Usos y Costumbres en Buffalo, Nueva York, cambió su designación de verdura a fruta. Como la temporada de la fresa sigue unas cuantas semanas después de la de ruibarbo, este postre se puede hacer usando 1.75 kg (3½ lb) de ruibarbo con ¼ 4 taza extra (60 g/2 oz) de azúcar granulada.

1 Para preparar el helado, en una olla gruesa sobre fuego medio-bajo caliente la crema. En un tazón bata las yemas de huevo y el azúcar granulado. Integre batiendo lentamente la mitad de la crema caliente con la mezcla de yemas de huevo y vuelva a colocar en la olla batiendo constantemente. Cocine sobre fuego medio-bajo cerca de 5 minutos, moviendo constantemente hasta que la natilla espese. No deje que la mezcla hierva. Retire del fuego, agregue la mantequilla y la sal y mezcle hasta que se derrita la mantequilla. Integre el buttermilk o yogurt. Pase a través de un colador de malla fina colocado sobre un tazón. Tape con plástico adherente, presionándolo sobre la natilla para evitar que se forme nata. Refrigere durante toda la noche.

2 Ponga la natilla en una máquina para hacer helado y prepare de acuerdo a las instrucciones del fabricante. Pase el helado a un recipiente a prueba de congelación. Tape y congele hasta que esté firme.

3 Para hacer el crujiente, precaliente el horno a 180°C (375°F). Cubra una charola para hornear con papel encerado (para hornear) o papel aluminio. En un tazón mezcle ¾ taza (125 g/4 oz) de la harina, el azúcar mascabado, avena, canela y clavos. Esparza la mantequilla sobre los ingredientes secos y, usando sus dedos, trabaje sobre los ingredientes secos hasta que se humedezcan pero aún se desmoronen.

4 En un refractario de 23 o de 25 cm (9-10 in), mezcle el ruibarbo con las fresas, azúcar granulada y ¼ taza (30 g/ 1 oz) restante de harina. Esparza uniformemente sobre el refractario. Espolvoree la cubierta uniformemente sobre la fruta. Coloque el refractario sobre la charola preparada y hornee de 40 a 45 minutos, hasta que la cubierta se dore y la fruta burbujee. Deje enfriar ligeramente y sirva con el helado.

PARA EL HELADO

1 taza (250 ml/8 fl oz) de crema dulce para batir

6 claras de huevo

1 taza (250 g/8 oz) de azúcar granulada

2 cucharadas de mantequilla sin sal, cortada en trozos pequeños

½ cucharadita de sal o de fleur de sel

2 tazas (500 ml/16 fl oz) de buttermilk o yogurt

PARA EL CRUJIENTE

1 taza (155 g/5 oz) de harina de trigo (simple)

1 taza (220 g/7 oz) compacta de azúcar mascabado

1 taza (90 g/3 oz) de avena

½ cucharadita de canela molida

Una pizca de clavo molido

¾ taza (185 g/6 oz) de mantequilla sin sal, cortada en trozos pequeños

1 kg (2 lb) de ruibarbo, cortado transversalmente en trozos de 2 cm (¾ in) de grueso (cerca de 5 tazas)

4 tazas (500 g/1 lb) de fresas limpias y partidas a la mitad

1 taza (250 g/8 oz) de azúcar granulada

Rinde 8 porciones

Helado

Ningún sabor se rechaza cuando se trata de helado. La moda empezó en los años noventa, cuando Jon Zinder, el fundador de Ciao Bella, empezó a mezclar los sabores acostumbrados con algunos de los mejores chefs de Nueva York. Hoy en día, el de vainilla es una rareza. Las tartas, pasteles y crujientes por lo general se acompañan en el Craft con helado de maple, en el Spice Market con helado de leche condensada y en el Babbo con helado de miel de abeja.

A los neoyorquinos también les gusta salir después de cenar a tomar un helado. En el Barrio Chino se detienen en el Chinatown Ice Cream Factory para probar sabores como el de jengibre, lichi y galleta de almendra o en el Cones en Greenwich Village por uno de dulce de leche o de tiramisú. Algunos establecimientos de los vecindarios como Hinsch's en el Upper East Side, Eggers Ice Cream Parlor en Staten Island y Eddie's Sweet Shop en Queens atraen clientes que regresan debido a sus sundaes, sodas y malteadas. En el Brooklyn Ice Cream Factory, localizado en una casa estilo barco bombero de los años veinte, su dueño Mark Thompson se ha propuesto inventar un rico helado cremoso estilo Philadelphia usando ingredientes de la mejor calidad. Cada pinta se empaca manualmente y se enfoca en sabores básicos entre los cuales está el de durazno y el de vainilla.

BLUEBERRY SORBET AND ICE CREAM WITH BROWN SUGAR COOKIES

Nieve y Helado de Moras Azules con Galletas de Azúcar Morena

En 1984, a la edad de diecinueve años, John F. Snynder fundó Ciao Bella. En el 2002, trece años después de haberla vendido, abrió otra compañía de helados en una pequeña tienda en el Lower East Side. En Il Laboratorio del Gelato, el cual considera como su "laboratorio de experimentos", él hace helados utilizando una sola máquina. Snyder es famoso por surtir a restaurantes como el Pastis, Barbuto y Mary's Fish Camp, con sus sabores habituales. Él no utiliza huevos en la preparación de helados hechos a base de fruta porque desea que el sabor de la fruta predomine. Para esta nieve de moras azules él simplemente cuela un poco de la mezcla lo cual garantiza un postre muy colorido.

PARA LA NIEVE

⅓ taza (90 g/3 oz) de azúcar granulada

4 tazas (500 g/1 lb) de moras azules

PARA EL HELADO

⅔ taza (160 ml/5 fl oz) de crema dulce para batir

1½ taza (375 ml/12 fl oz) de media crema

½ taza (125 g/4 oz) de azúcar granulada, más 1 cucharadita

1 cucharadita de jalea de durazno o chabacano

2½ tazas (310 g/10 oz) de moras azules

PARA LAS GALLETAS

1 taza (250 g/8 oz) de mantequilla sin sal, a temperatura ambiente

1 taza (220 g/ 7 oz) compacta de azúcar mascabado

½ cucharadita de extracto (esencia) de vainilla

2 tazas (315 g/10 oz) de harina de trigo (simple), más la necesaria para espolvorear

½ cucharadita de canela molida

¼ cucharadita de sal

2 cucharadas de azúcar turbinada o demerara

Rinde 1 litro (1 qt) de nieve y la misma cantidad de helado y 30 galletas

1. Para preparar la nieve, en una olla sobre fuego medio mezcle el azúcar con ¼ taza (60 ml/2 fl oz) de agua. Hierva, moviendo hasta disolver el azúcar. Pase el jarabe a un tazón, tape y refrigere por lo menos una hora, hasta que se enfríe.

2. Coloque las moras azules y 2 cucharadas del jarabe frío en una licuadora o procesador de alimentos y haga un puré. Reserve ½ taza (125 ml/4 fl oz) de la mezcla de moras azules. Pase el resto a través de un colador de malla fina colocado sobre un tazón, presionando con el revés de una cuchara. Añada la mezcla reservada de moras y el jarabe restante y mezcle hasta integrar por completo. Tape y refrigere durante toda la noche. Vierta en una máquina para hacer helado y prepare siguiendo las instrucciones del fabricante. Pase la nieve a un recipiente a prueba de congelación. Tape y congele hasta que esté firme.

3. Para preparar el helado, en una olla gruesa sobre fuego medio mezcle la crema, la media crema, ½ taza de azúcar granulada y la jalea. Deje hervir a fuego lento y cocine cerca de 10 minutos, hasta que se disuelva el azúcar. No deje que la mezcla hierva. Cuele a través de un colador de malla fina colocado sobre un tazón. Cubra con plástico adherente, presionándolo sobre la natilla para evitar que se forme nata y refrigere durante toda la noche.

4. Coloque ½ taza (60 g/2 oz) de las moras azules en un recipiente a prueba de congelación y congele cerca de una hora, hasta que estén firmes. Retire del congelador y pique las moras toscamente para partirlas en cuartos. Coloque en un tazón, espolvoree con una cucharadita de azúcar granulada y reserve. Coloque las 2 tazas (250 g/8 oz) de moras azules restantes en una licuadora o procesador de alimentos y haga un puré terso. Cuele a través de un colador de malla fina colocado sobre un tazón, presionando la mezcla con el revés de una cuchara. Añada la natilla fría y las moras azules congeladas y mezcle hasta integrar por completo. Vierta en una máquina para hacer helado y prepare siguiendo las instrucciones del fabricante. Pase el helado a un recipiente a prueba de congelación. Tape y congele hasta que esté firme.

5. TPara preparar las galletas, precaliente el horno a 165ºC (325ºF). Cubra una charola para hornear con papel encerado (para hornear). En un tazón, usando una batidora eléctrica a velocidad alta, acreme la mantequilla con el azúcar mascabado cerca de 3 minutos, hasta que esponje. Baje la mezcla de las orillas del tazón, integre la vainilla, batiendo. En otro tazón, mezcla la harina con la canela y la sal. Incorpore a la mezcla de mantequilla y con la batidora a velocidad baja, bata hasta que la harina no se vea y la pasta esté tersa.

6. Espolvoree sus manos con harina. Retire una cucharada de la pasta y ruédela entre sus manos para formar una bola. Coloque sobre la charola preparada. Repita la operación para formar las demás galletas, dejando una separación de por lo menos 5 cm (2 in) entre ellas. Use la palma de su mano para aplanar cada bola y formar un disco de 9 mm ⅓ de grueso. Espolvoree las galletas generosamente con azúcar turbinada. Hornee cerca de 30 minutos, hasta que las galletas estén ligeramente crujientes al tacto y las bases estén doradas. Retire del horno y deje enfriar sobre la charola de horno durante 5 minutos. Pase a una rejilla de alambre y deje enfriar.

7. Coloque bolas de nieve y helado en un tazón de postre. Sirva con las galletas.

BANANA-WALNUT BREAD PUDDING

Budín de Plátano y Nuez

Un postre estilo antiguo que utiliza pan del día anterior, el budín de pan se puede hacer de diferentes maneras por lo que puede parecer un platillo completamente diferente de un lugar a otro. En los merenderos o tiendas judías especializadas en alimentos el budín con frecuencia es denso y pesado. En los restaurantes elegantes se hornean versiones delicadas en platos individuales y se sirven como un pain perdue francés cubierto con fruta caramelizada y crema inglesa. Sin importar cuál sea el restaurante, los panes favoritos para preparar este budín son el brioche enriquecido con huevo y la challah mismos que se recomiendan en esta receta, la cual es húmeda por dentro y crujiente por fuera.

1. Precaliente el horno a 180°C (350°F). Barnice ligeramente con mantequilla un refractario para soufflé u otro refractario redondo con una profundidad de por lo menos 5 cm (2 in).

2. Coloque los cubos de pan en un tazón grande. En otro tazón bata los huevos, mantequilla, azúcares, canela, nuez moscada y sal hasta integrar por completo. Integre batiendo la crema, leche y vainilla. Vierta sobre los cubos de pan y mezcle para cubrir uniformemente. Deje reposar cerca de 15 minutos, hasta que el pan haya absorbido el mayor líquido posible.

3. Mientras tanto, distribuya los trozos de nuez sobre una charola para hornear y tueste cerca de 10 minutos hasta que aromaticen y se doren ligeramente. Coloque en un plato, deje enfriar y pique toscamente.

4. Añada las nueces y los plátanos a la mezcle de pan y revuelva ligeramente. Coloque en el refractario preparado. Hornee de 70 a 80 minutos, hasta que el budín se cuaje, la cubierta se dore y esté ligeramente crujiente. Sirva tibio.

Sirva con un Oporto dulce y anuezado como el Goose Watch White Port de los Finger Lakes.

6 tazas (375 g/12 oz) de challah, brioche o pan redondo crujiente tipo francés como el boule, del día anterior, sin corteza, cortado en cubos de 2.5 cm (1 in)

4 huevos

½ taza (125 g/4 oz) de mantequilla sin sal, derretida

¾ taza (185 g/6 oz) de azúcar granulada

¾ taza (185 g/6 oz) compacta de azúcar mascabado

2 cucharaditas de canela molida

½ cucharadita de nuez moscada, recién molida

1 cucharadita de sal de mar

2 tazas (500ml/16 fl oz) de crema dulce para batir

2 tazas (500m/16 fl oz) de leche

1 cucharada de extracto (esencia) de vainilla

1 taza (125 g/4 oz) de nuez, en trozos

500 g (1 lb) de plátanos maduros, sin cáscara y cortados en rebanadas de 2 cm (¾-inch)

Rinde 8 porciones

PROFITEROLES WITH MALTED ICE CREAM AND BITTERSWEET CHOCOLATE SAUCE

Profiteroles con Helado de Malta y Salsa de Chocolate Semiamargo

Cuando la comida francesa estilo bistro apareció en los restaurantes hace un par de décadas parecía una opción más para cenar. Pero en los últimos años dicha comida se ha convertido en una obsesión. Keith McNally ha marcado el rumbo renovando los vecindarios a su paso. En 1997 abrió el Balthazar, su primer restaurante, en una parte relativamente subdesarrollada de Soho. Pastis fue el siguiente en 1999, en un intento de introducirse al Meatpacking District. En 2003 abrió el Schiller's Liquor Bar, el cual casi garantiza cambios en su localización en el Lower East Side. A este postre característico de los bistros se le ha otorgado el toque americano al agregarle helado de malta.

PARA EL HELADO
2 tazas (500ml/16 fl oz) de crema dulce para batir

1 taza (250 ml/8 fl oz) de media crema

1 taza (250 g/ 8z) de azúcar

¾ taza (60 g/2 oz) de leche de malta en polvo

1 cucharada de extracto (esencia) de vainilla

Una pizca de sal

PARA LOS PROFITEROLES
½ taza (125 g/4 oz) de mantequilla sin sal

1 cucharada de azúcar

Una pizca de sal

1 taza (155 g/5 oz) de harina de trigo (simple)

4 huevos

PARA EL JARABE DE CHOCOLATE
250 g (8 oz) de chocolate semiamargo, finamente picado

¾ taza (180 ml/6 fl oz) de crema dulce para batir

2 cucharadas de mantequilla sin sal

½ cucharadita de extracto (esencia) de vainilla

Rinde 6 porciones

1 Para preparar el helado, bata en un tazón grande la crema con la media crema, azúcar, leche de malta en polvo, vainilla y sal. Tape y refrigere por lo menos 2 horas o durante toda la noche, hasta que esté muy frío. Vierta en una máquina para hacer helado y prepare de acuerdo a las instrucciones del fabricante. Pase el helado a un recipiente a prueba de congelación. Tape y congele hasta que esté firme.

2 Para hacer los profiteroles, precaliente el horno a 220ºC (425ºF). Cubra una charola para hornear con papel encerado (para hornear). En una olla grande y gruesa mezcle la mantequilla, azúcar, sal y una taza (250 ml /8 fl oz) de agua. Lleve a ebullición sobre fuego alto. Retire del fuego y agregue la harina de un solo golpe, moviendo constantemente con una cuchara de madera hasta que no se vea la harina. Vuelva a colocar la olla sobre fuego medio y continúe moviendo hasta que la pasta se separe de las orillas de la olla y se forme una bola. Retire del fuego y pase a un tazón para batir.

3 Usando una batidora eléctrica con el aditamento de pala a velocidad media-baja o con una cuchara de madera, bata la pasta 3 ó 4 minutos para enfriarla. Mientras tanto, en un tazón pequeño, bata un huevo. Cuando la pasta se haya enfriado, integre el huevo con la pasta y bata hasta incorporar por completo. Añada los huevos restantes, uno a la vez, batiendo cada uno primero y después batiéndolo con la pasta. Después de cada adición la mezcla tenderá a separarse y a verse brillante, pero se volverá a convertir en una pasta tersa si se bate vigorosamente. Deje la pasta enfriar cerca de 10 minutos antes de darle forma.

4 Usando una cuchara pase la mezcla a una manga de repostería adaptada con una duya lisa de 1 cm (⅜-in) Para hacer cada profiterol presione aproximadamente una cucharadita copeteada de pasta hacia la charola de horno preparada formando un montículo de 2.5 cm (1 in) de diámetro y dejando una separación de por lo menos 5 cm (2 in) entre los montículos

5 Hornee durante 10 minutos. Reduzca la temperatura del horno a 180ºC (350ºF) y continúe horneando cerca de 25 minutos más, hasta que los profiteroles hayan subido, estén dorados y firmes al tacto. Retire del horno y deje enfriar en la charola sobre una rejilla.

6 Justo antes de servir, prepare la salsa de chocolate. Coloque el chocolate en un tazón. En una olla pequeña sobre fuego medio-bajo caliente la crema hasta que se formen burbujas alrededor de las orillas de la olla. Retire la olla del fuego, añada la mantequilla y mezcle hasta que se derrita. Integre lentamente la crema al chocolate, batiendo hasta incorporar por completo. Añada la vainilla. Permita que la salsa de chocolate se enfríe ligeramente.

7 Usando un cuchillo de sierra, parta cuidadosamente los profiteroles casi a la mitad. Coloque los profiteroles partidos en platos individuales. Coloque una bola pequeña de helado adentro de cada profiterol. Rocíe con el jarabe de chocolate tibio y sirva de inmediato.

Sirva con un vino fuerte para postres con sabor a moras azules.

Nota: Las pastas se pueden envolver y congelar hasta por un mes. Antes de usarlas, precaliente el horno a 180ºC (350ºF), coloque sobre una charola para hornear y hornee 10 u 11 minutos, hasta que estén crujientes.

DEVIL'S FOOD CUPCAKES WITH VANILLA BUTTERCREAM

Mantecadas con Crema de Mantequilla a la Vainilla

Con todas sus pastelerías de alto nivel y panaderías étnicas, quien hubiera pensado que las mantecadas, el icono de las fiestas de la infancia de los norteamericanos llegaran a ser el postre favorito de la ciudad de Nueva York. Empezó con el Cupcake Café, una extensión italiana del Hell's Kitchen, el cual produce bellas mantecadas decorándolas con flores de brillantes colores. La tienda Buttercup Bake Shop en el Upper East Side también es famosa por sus mantecadas. Pero nada se puede comparar con la popularidad de la Magnolia Bakery, en donde siempre hay una fila en su puerta.

1. Precaliente el horno 180ºC (350ºF). Coloque 12 capacillos de papel para mantecadas tamaño estándar o engrase ligeramente con mantequilla los moldes de una charola para mantecadas.

2. En un tazón mezcle la cocoa en polvo, azúcar mascabado y espresso en polvo. Añada el agua hirviendo, mezcle hasta que esté terso y deje enfriar a temperatura ambiente. Integre el buttermilk o yogurt y la vainilla. Reserve.

3. En un tazón grande usando una batidora eléctrica a velocidad alta bata la mantequilla con el azúcar 3 ó 4 minutos, hasta que esté esponjosa y casi de color blanco. Añada los huevos, uno a la vez, batiendo y bajando la mezcla de las orillas del tazón después de cada adición. En otro tazón mezcle la harina, bicarbonato de sodio y sal. Integre una tercera parte lde la mezcla de cocoa con la mantequilla batida usando movimiento envolvente. Agregue una tercera parte de la mezcla de harina, mezclando suavemente hasta integrar por completo. Continúe integrando la mezcla de cocoa usando movimiento envolvente y añadiendo harina hasta que las mezclas se integren y formen una pasta tersa.

4. Divida la pasta uniformemente entre los moldes. Hornee de 15 a 18 minutos, hasta que al insertar un palillo en el centro de cada mantecada éste salga limpio. Deje enfriar a temperatura ambiente dentro del molde colocado sobre una rejilla de alambre.

5. Para preparar la crema de mantequilla, en un tazón usando una batidora eléctrica a velocidad alta bata la mantequilla 3 ó 4 minutos, hasta que se esponje. Añada las yemas de huevo y bata hasta que esté esponjosa. Integre batiendo la vainilla, sal y azúcar glass.

6. Retire las mantecadas de la charola. Unte la crema de mantequilla uniformemente sobre las cubiertas de cada mantecada usando una espátula para betún.

½ taza (45 g/1½ oz) de cocoa en polvo estilo holandés

¾ taza (185 g/6 oz) compacta de azúcar mascabado

2 cucharaditas de espresso instantáneo en polvo

1 taza (250 ml/8 fl oz) de agua hirviendo

½ taza de buttermilk o yogurt

2 cucharaditas de extracto (esencia) de vainilla

½ taza (125 g/4 oz) de mantequilla sin sal, a temperatura ambiente

¾ taza (185 g/6 oz) de azúcar granulada

2 huevos, a temperatura ambiente

1¼ taza (200 g/6½ oz) de harina de trigo (simple)

1½ cucharadita de bicarbonato de sodio

½ cucharadita de sal

PARA LA CREMA DE MANTEQUILLA

1 taza (250ml/8 fl oz) de mantequilla sin sal, a temperatura ambiente

2 yemas de huevo

1 cucharada de extracto (esencia) de vainilla

¼ cucharadita de sal

2 tazas (250 g /8 oz) de azúcar glass (para repostería)

Rinde 12 mantecadas

Chocolate

Con el gusto general por lo dulce y sus deseos de darse gusto, los neoyorquinos aprecian mucho un chocolate de calidad. Visitar la chocolatería Li-Lac en Greenwich Village es un ritual del vecindario. Antes de cualquier festividad, los vecinos hacen fila afuera de la pequeña tienda pintoresca pintada de color lila, en donde se han elaborado preparaciones desde 1923 como las cremas cubiertas de chocolate y algunas especialidades para las festividades. En Morningside Heights, los estudiantes y profesorado de la universidad de Columbia se amontonan en Mondel's Homemade Chocolates, propiedad de la misma familia desde 1944, para comprar trozos de nuez cubiertos de chocolate, tortugas y otras delicias.

Aquellos que buscan una experiencia de chocolate más refinado aprecian las trufas y dulces preparados por Francois Payard, antiguo chef pastelero del respetado restaurante Daniel, quien vende chocolates en su patisserie en el East Side. Jacques Torres, su protegido, ha creado una tienda en Brooklyn que rinde culto al chocolate, en la que los clientes intimidan con tazas de chocolate caliente y dulces salados cubiertos con chocolate. Traspasando los límites, el Chocolate Bar en Greenwich Village ofrece un "viaje" de degustación de cinco chocolates.

RUSTIC APPLE TART
Tarta Rústica de Manzana

Desde noviembre, cuando las últimas peras y uvas Concord se han cosechado, hasta mayo, cuando aparecen las primeras fresas, las manzanas son las únicas frutas que se encuentran en los mercados de agricultores. Más de cien variedades llegan desde el Valle del Río Hudson, Valle del Lago Champlain y el sureste de la costa del Lago Ontario. Una de esas variedades, la Northern Spy, se originó en el pueblo de East Bloomfield en el estado de Nueva York en el año de 1800. Esta tarta algunas veces es llamada pay de manzana del norte debido a su ácido sabor y su habilidad de mantener su forma cuando se hornea. Las manzanas Granny Smith o Newtown pippin también son una buena opción para hacer esta tarta rústica.

PARA LA PASTA

1¾ taza (280 g/9 oz) de harina de trigo (simple)

⅓ taza (90 g/3 oz) de azúcar

½ cucharadita de sal

¾ taza (185 g/6 oz) de mantequilla sin sal, fría, cortada en cubos pequeños

2 yemas de huevo

2 cucharadas de agua con hielo o la necesaria

1.5 kg (3 lb) de manzanas ácidas para hornear (vea nota), sin piel, descorazonadas y cortadas en rebanadas de 9 mm (⅓ in) de grueso

½ limón, su jugo

¾ taza (185 g/6 oz) de azúcar

½ cucharadita de sal

½ cucharadita de canela molida

Una pizca de nuez moscada, recién molida

4 cucharadas (45 g/1½ oz) de harina de trigo (simple)

1 yema de huevo batida con 1 cucharada de crema dulce para batir

Azúcar gruesa, para espolvorear

2 cucharadas de mantequilla sin sal, cortada en cubos pequeños

Rinde una tarta de 23 cm (9 in) u 8 porciones

1. Para hacer la masa a mano, en un tazón grande mezcle la harina, azúcar y sal. Esparza la mantequilla sobre los ingredientes secos y usando un mezclador de varillas o dos cuchillos, corte la mantequilla hasta obtener una mezcla con moronas gruesas del tamaño de chícharos grandes. En un tazón pequeño bata las yemas de huevo con 2 cucharadas de agua con hielos. Rocíe sobre la mezcla de harina y mezcle con un tenedor hasta que se humedezca uniformemente, agregando más agua, unas gotas cada vez, si fuera necesario. O, si lo desea, prepare la masa en un procesador de alimentos mezclando la harina, azúcar y sal y pulse para integrar. Añada la mantequilla y pulse hasta que la mezcla forme moronas gruesas del tamaño de chícharos grandes. En un tazón pequeño bata las yemas de huevo con 2 cucharadas de agua con hielos. Agregue a la harina y pulse justo hasta que la masa se empiece a unir, añadiendo más agua, unas gotas cada vez, si fuera necesario.

2. Pase la masa a una hoja de plástico adherente y forme un disco de 2 cm (¾ in) de grueso. Envuelva herméticamente en el plástico y refrigere una hora o durante toda la noche.

3. Precaliente el horno a 180°C (375°F). Cubra una charola para hornear con papel encerado (para hornear). En un tazón mezcle las manzanas, jugo de limón, azúcar, sal, canela, nuez moscada y 2 cucharadas de harina. Mezcle para cubrir las manzanas.

4. En una superficie de trabajo ligeramente enharinada extienda el disco de masa y forme un círculo de 28 ó 30 cm (11-12 in) de diámetro y aproximadamente 6 mm (¼ in) de grueso, espolvoreando el rodillo ligeramente con harina para evitar que se pegue Envuelva la masa sobre el rodillo y coloque sobre la charola preparada. Espolvoree la masa con las 2 cucharadas de harina restante, dejando un margen de 5 cm (2 in) sin cubrir. Haga un montículo con la mezcla de manzana sobre la harina. Doble el margen de la masa no cubierto hacia arriba sobre el relleno de manzana, formando pliegues holgados alrededor del relleno y dejando el centro abierto. Barnice la masa plegada con la mezcla de huevo y espolvoree con azúcar gruesa.
Salpique con la mantequilla en cubos.

5. Hornee de 50 a 60 minutos, hasta que las manzanas burbujeen y se sientan suaves al picarlas con la punta de un cuchillo y la base esté dorada. Sirva la tarta caliente cortada en rebanadas.

Sirva con un Vignoles de cosecha tardía con sabor a manzana como el Swedish Hill de Finger Lakes.

SWEET POTATO PIE WITH MAPLE WHIPPED CREAM

Pay de Camote con Crema Batida de Maple

Harlem, fundada por los alemanes en 1600, se volvió un enclave de afroamericanos en 1920, cuando el mercado de bienes raíces se colapsó. Para ocupar los departamentos vacíos los caseros atrajeron a los afroamericanos que dejaban los estados del sur del país en búsqueda de una vida mejor. Desde los años ochenta Harlem ha tenido un periodo de renacimiento, atrayendo a los turistas que se acercan a ver los sitios de arquitectura histórica y a comer en restaurantes como el Sylvia's y Miss Mamie's Spoonbread Too. Muchos de ellos sirven comida sureña casera como el puerco deshebrado y habas. Junto con el cobbler de durazno y el budín de pan, el pay de camote es un platillo esencial que no puede faltar en el menú.

1. Para hacer la masa a mano, en un tazón grande mezcle la harina y la sal. Esparza la mantequilla y la manteca sobre los ingredientes secos y, usando un mezclador de varilla o dos cuchillos, corte la mantequilla y la manteca hasta que la mezcla forme moronas gruesas del tamaño de chícharos grandes. Rocíe las 2 cucharadas de agua con hielos sobre la mezcla de harina y mezcle con un tenedor hasta que esté uniformemente húmeda, agregando más agua, unas gotas cada vez, si fuera necesario para que la pasta se una. O, si lo desea, para preparar la masa en un procesador de alimentos, mezcle la harina con la sal y pulse para integrar. Añada la mantequilla y la manteca y pulse hasta que la mezcla forme moronas gruesas del tamaño de chícharos grandes. Añada 2 cucharadas de agua con hielos y pulse justo hasta que la masa se empiece a unir, agregando más agua si fuera necesario, para que la pasta se una.

2. Pase la masa a una hoja de plástico adherente y forme un disco de 2 cm (¾ in) de grueso. Envuelva herméticamente en el plástico adherente y refrigere una hora o durante toda la noche.

3. Para preparar el relleno, lleve a ebullición una olla con agua sobre fuego alto. Añada los camotes y hierva cerca de 30 minutos, hasta que los camotes estén suaves. Escurra y reserve hasta que se enfríen. Cuando los camotes estén lo suficientemente fríos para poder tocarlos, pase la pulpa por un pasapurés colocado sobre un tazón grande o muela en un procesador de alimentos hasta obtener un puré terso y pase a un tazón grande. Tape y refrigere hasta el momento de usarse.

4. En una superficie ligeramente enharinada extienda el disco de masa haciendo un círculo de 30 cm (12 in) de diámetro y aproximadamente 3 mm (⅛ in) de grueso. Envuelva la masa sobre el rodillo y pase a un molde para pay dejándolo caer sobre el fondo y las orillas. Deje que cuelgue un sobrante de 2 cm (¾ in) más grande que el molde y corte el resto. Enrolle el sobrante por debajo de sí mismo para hacer una orilla elevada sobre el borde del molde. Ondule la orilla o dele forma de festón y refrigere durante 30 minutos.

5. Precaliente el horno a 180°C (375°F). Cubra la corteza del pay con una hoja grande de papel aluminio, rellene con pesas para hornear, arroz o frijoles crudos y hornee cerca de 15 minutos, hasta que se seque ligeramente y el aluminio se pueda retirar con facilidad. Quite las pesas y el aluminio con cuidado y continúe horneando cerca de 5 minutos más, hasta que la corteza esté lista.

6. Para terminar el relleno, integre la crema, huevos, miel de maple y vainilla al puré de camote y bata hasta dejar terso. En un tazón pequeño mezcle el azúcar, harina, sal, jengibre, canela y ¼ cucharadita de nuez moscada. Añada la mezcla de camote y bata hasta que esté terso. Vierta el relleno sobre la corteza caliente parcialmente horneada. Hornee de 50 a 60 minutos, hasta que el relleno esté firme alrededor de las orillas y ligeramente cuajado en el centro (se seguirá cuajando después de haberlo retirado del horno). Pase a una rejilla de alambre para dejar enfriar.

7. Para preparar la crema batida, vierta la crema y la miel de maple en un tazón frío. Usando una batidora eléctrica a velocidad alta bata hasta que la crema forme picos medianos. Para servir, corte el pay en rebanadas y adorne cada rebanada con una cucharada de crema batida. Espolvoree con nuez moscada recién molida, si lo desea.

PARA LA PASTA

2 taza (315 g/10 oz) de harina de trigo (simple)

1 cucharadita de sal

1 taza (250 g/8 oz) de mantequilla sin sal, fría, cortada en cubos pequeños

4 cucharadas (60 g/2 oz) de manteca vegetal

2 cucharadas de agua con hielo o la necesaria

750 g (1½ lb) de camote dulce de color naranja, sin piel y cortado en trozos

1 taza (250 ml/8 fl oz) de crema dulce para batir

3 huevos

¼ taza (60 ml/2 fl oz) de miel de maple

1 cucharadita de extracto (esencia) de vainilla

1 taza (250 g/8 oz) de azúcar

1 cucharada de harina de trigo (simple)

1 cucharadita de sal

½ cucharadita de jengibre y la misma cantidad de canela molida

¼ cucharadita de nuez moscada molida, más la necesaria para adornar (opcional)

1 taza (250 ml/8 fl oz) de crema dulce para batir

2 cucharadas de miel de maple

Rinde 8 porciones

GLOSARIO

ACEITE DE AJONJOLÍ ASIÁTICO Un aromático aceite de color ámbar oscuro fabricado al extraer el aceite de las semillas tostadas de ajonjolí. Se usa principalmente en Japón, Corea y China en donde se utiliza como condimento más que como aceite para cocinar.

ACEITE DE CHILE ASIÁTICO Un ingrediente básico en la cocina asiática que se está introduciendo actualmente en las cocinas del occidente, el aceite de chile se hace infundiendo aceite de cacahuate o de maíz caliente con hojuelas de chile seco. Se usan gotas del aceite de chile para proporcionar un sabor picante a muchos platillos sofritos y salteados. Si este tipo de aceite se almacena, se vuelve más picante con el paso del tiempo. Se puede comprar en los mercados asiáticos y en las tiendas de especialidades gastronómicas.

ALCACHOFA JERUSALÉN Un tubérculo oriundo de Norteamérica que parece una pequeña papa con protuberancias. Aunque su sabor sutil nos recuerda a la alcachofa, las dos verduras no son de la misma familia. Se piensa que su nombre deriva del girasole italiano, una planta de la cual es pariente. También se le conoce como tupinambo.

ALMEJAS Estos mariscos clasificados como moluscos y también conocidos como bivalvos pueden ser de concha dura o suave. Hay diferentes variedades en el Océano Atlántico y en el Pacífico. Asegúrese de comprar las almejas más frescas en un mercado de prestigio. Almacene en una charola extendida o en un tazón poco profundo, tape con una toalla húmeda y refrigere durante menos de dos días. Para obtener mejores resultados sirva las almejas el mismo día que las compre.

CHERRY STONE, Una almeja pequeña de concha dura del Océano Atlántico que mide hasta 7.5 cm (3 in) de diámetro. Las almejas cherry stone son deliciosas crudas o cocidas.

LITTLENECK Existen dos tipos de estas almejas de concha dura. Las littleneck pequeñas del Océano Atlántico que son particularmente dulces y con un delicioso sabor, sírvalas en crudo o muy ligeramente cocidas. Las littleneck del Pacífico no son de la misma clase y deben prepararse al vapor pues pueden ser un poco duras.

MANILA También conocida como almeja japonesa. Una pequeña almeja dulce no oriunda de los Estados Unidos y cultivada cerca de la costa del Océano Pacífico. Por lo general recolectadas cuando apenas alcanzan los 2.5 cm (1 in) de diámetro, las almejas Manila son las favoritas de los chefs y se pueden servir crudas o al vapor.

QUAHOG Pronunciado "*coe-hog*". Una almeja grande y de concha dura del Océano Atlántico que mide 7.5 cm (3 in) de diámetro. Tiene un sabor dulce, pero no tan dulce ni tan salado como las almejas de concha dura más pequeñas.

ANÍS ESTRELLA Esta vaina con forma de estrella que produce semillas, proviene de un árbol de pino chino pariente de la magnolia. Tiene un sabor ligeramente más amargo que la semilla del anís.

BRÓCOLI RABÉ Una verdura con sabor deliciosamente amargo que se parece a la col y a la mostaza. Los tallos largos y finos terminan en pequeñas flores de color amarillo y tienen hojas delgadas con bordes dentados. También se le conoce como brócoli raab, *cime di rapa y rapini*.

CALABAZA BUTTERNUT Una calabaza grande y larga de invierno que se identifica por la redondez de uno de sus extremos. Su piel es de color café claro y su pulpa es naranja amarillenta.

PARA RETIRAR LAS SEMILLAS A LA CALABAZA, utilice un cuchillo pesado y filoso para partirla a la mitad. Si la piel es muy dura, inserte el cuchillo en la calabaza y golpéelo con un mazo de cocina. Retire todas las semillas y fibras con una cuchara de punta afilada.

CALVADOS Este brandy seco de manzana añejado en madera de roble proviene del norte de Francia en donde abundan las manzanas. Su nombre proviene de una provincia de Francia.

CALLO DE HACHA, BAY, Es la variedad de callos de hacha más apreciada de todas. Mide 12 mm (½ in) de diámetro, se caracteriza por su dulce y delicado sabor, se recolecta en una pequeña región del Océano Atlántico y rara vez se encuentra fuera de los mercados de pescado de la costa este de los Estados Unidos durante su corta temporada, que empieza en octubre y termina a fines de marzo. Los callos de hacha Peconic Bay de Long Island son los favoritos de la región de Nueva York.

CANGREJOS DE CONCHA SUAVE Los cangrejos azules tienen conchas duras de las que se desprenden varias veces antes de llegar a la madurez. Mientras les crece la nueva concha, más grande y dura, estos cangrejos se conocen como cangrejos de concha suave. Se pueden encontrar desde la primavera hasta principios del otoño. Estos cangrejos se comen enteros incluyendo su concha suave.

CEBOLLA PERLA Una cebolla picante de aproximadamente 2 cm (¾ in) de diámetro que a menudo se añade entera a platillos guisados o asados. También se conoce como cebollas para encurtir.

PARA QUITAR LA PIEL A LAS CEBOLLAS PERLA, sumérjalas en agua hirviendo durante 1 minuto, escurra bien y deje enfriar. Use un pequeño cuchillo filoso para quitar la punta de la raíz. Retire la piel apretando suavemente cada cebolla con sus dedos.

CEBOLLAS DULCES La mayoría de estas cebollas son dulces y jugosas pero algunas variedades se aprecian más por esta excepcional característica. De sabor suave, estas cebollas se conocen con el nombre del lugar en donde se cosechan y si se cultivan fuera de su lugar de origen pierden su dulzura característica. Las cebollas vidalia de Georgia entran en temporada en primavera. Las cebollas Walla Walla de Washington están en temporada a fines del verano.

CIRUELA SECA También conocida como ciruela pasa, esta fruta se produce comúnmente con la ciruela "d' Agen" una variedad cultivada durante siglos en el distrito de Agen en Burdeos, Francia. Esta variedad también se cultiva en California, de donde provienen la mayoría de las ciruelas pasas comercializadas en los Estados Unidos. Las ciruelas pasas por lo general se combinan con sabrosos platillos de carne.

CIRUELAS PASAS *Vea ciruela seca.*

CHILES Después de siglos de cultivo se han desarrollado cientos de variedades de chile. Durante los veranos calurosos crecen en regiones tropicales y pueden ser grandes o pequeños, suaves o picosos.

JALAPEÑO Variando de medianamente picoso a muy picoso, el carnoso chile jalapeño por lo general es de color verde pero también puede ser rojo. Mide de 5 a 10 cm (2-4 in) de largo y se vende fresco, en lata o en vinagre. Utilice para sustituir otros chiles como el serrano o tai. Sustituya 2 ó 3 chiles jalapeños por un habanero o un Scotch bonnet.

SCOTCH BONNET Un chile extremadamente picoso más pequeño que el chile habanero, de solamente 2.5 a 4 cm (1-½ in) de largo. Estos pequeños chiles redondos y frescos pueden ser verdes, amarillos, naranjas o rojos.

ENDIBIA BELGA También conocida como achicoria roja, este miembro de la familia de la achicoria tiene puntas blancas (y algunas veces rojas), cabezas apretadas en forma de balas y un sabor ligeramente amargo. La endibia belga tiende a hacerse amarga cuando se expone a la luz. Se debe refrigerar y consumir a más tardar un día después de haberse comprado.

ESCALONIA Esta cebolla de sabor intenso con un ligero sabor de ajo, crece silvestre en la parte este de los Estados Unidos. Las escalonias se cosechan en primavera y su temporada es corta; por lo tanto, se pueden sustituir por cebollitas de cambray o poros pequeños. Búsquelas en las tiendas especializadas en alimentos o en los mercados de agricultores. Elija piezas con hojas grandes, firmes y de color verde brillante.

FIDEOS CHINOS DE HUEVO Muy parecidos a la pasta italiana de huevo, los fideos chinos de huevo se cortan o moldean de una pasta de harina de trigo, huevos y sal. Los El fideos varían de tamaño y pueden ser secos o frescos. Algunas veces tienen sabor de huevo artificial el cual viene especificado en la etiqueta del paquete.

FILO Hojas grandes de masa tan delgada como una hoja de papel que cuando se hornean se convierten en capas hojaldradas de pasta. Se usa frecuentemente en los platillos dulces y salados del Medio Oriente y Grecia. También se escribe "*phyllo*".

FOIE GRAS El suculento hígado de ganso o pato con sabor a mantequilla es parte tradicional de la cocina francesa. Antes importado principalmente de Francia, actualmente este manjar exquisito también se produce en Nueva York y California. Busque el Foie Gras frais que está ligeramente cocido (pasteurizado). Debe tener un color beige uniforme, una superficie tersa, sentirse levemente firme al tacto y oler a fresco.

FRIJOLES Durante mucho tiempo una hortaliza básica, los frijoles frescos se dividen en dos categorías: frijoles de cáscara y frijoles de vaina.

FRIJOLES DE CÁSCARA Se pueden encontrar frescos en la primavera y en el verano en los mercados de agricultores y en las tiendas de frutas y verduras. Únicamente se consumen las semillas; las vainas se desechan. Entre sus variedades están los adzuki, appaloosa, cranberry, flageolet, lima y las habas, también llamadas alubias. Las habas, uno de los frijoles de cáscara más populares, tienen un sabor ligeramente amargo.

FRIJOLES DE VAINA, también conocidos como ayocote, ejotes, habichuelas, judías o frijoles verdes, se comen enteros (tanto la vaina como las semillas). Su sabor es suave y fresco con una leve insinuación a hierba. Adquiera vainas de color verde uniforme que parezcan fáciles de abrir.

GRAND MARNIER Una popular marca comercial de licor con sabor a naranja que se distingue por tener una base de Cognac puro.

HARINA DE MATZO Harina de textura fina molida del matzo, el pan judío sin levadura. Es el ingrediente principal de las albóndigas de matzo y también se usa para hornear, como recubrimiento para alimentos fritos y para espesar.

HARISSA Una sazonada salsa tunecina muy condimentada hecha con chiles, ajo y especias como cilantro y alcaravea mezcladas con aceite de oliva. La *harissa* sazona muchos platillos incluyendo guisados y sopas. Búsquelo en latas o frascos de cristal en las tiendas especializadas en alimentos del Medio Oriente.

HIERBAS DE CANÓNIGO También conocida como lechuga de cordero o ensalada de maíz, esta hortaliza crece en pequeños manojos sueltos y se cosecha a principios de la primavera. Sus hojas ovaladas son delicadas y tienen un suave sabor.

HINOJO El bulbo, los tallos y frondas de la planta de hinojo tienen un sabor dulce y anisado y se puede comer crudo o cocido. También se conoce como finocchio.

HONGO CHANTERELLE Un hongo de sabor sutil, color amarillo pálido y forma de trompeta de aproximadamente 5 ó 7.5 cm (2-3 in) de largo. Los hongos chanterelle crecen silvestres y también se cultivan comercialmente.

HONGOS MORILLA El hongo morilla se distingue por su largo y oval botón cubierto de una red de grietas profundas y por su intenso aroma a humedad. Por la forma de panal que tiene su botón es fácil que entre basura y suciedad en él, por lo que se deben sumergir brevemente en agua fría con un poco de vinagre blanco y escurrir y secar con una toalla de cocina antes de usarse.

HUESOS DE TUÉTANO Aunque el tuétano a veces se come por sí solo como un manjar exquisito, los huesos también se usan para preparar un suculento caldo y para sazonar sopas, guisados y salsas. La mayoría de estos huesos provienen de la pata pero algunas veces también se usan los de la columna y por lo general se compran en las carnicerías y en algunos supermercados.

JITOMATE Clasificado como un fruto pero usualmente tratado como verdura, viene en una gran variedad de tamaños y colores y se come crudo o cocido en las cocinas de todo el mundo.

QUITANDO LA PIEL Y LAS SEMILLAS A UN JITOMATE Corte una cruz poco profunda en la parte inferior del jitomate. Sumerja en un recipiente con agua hirviendo aproximadamente 30 segundos, hasta que la piel empiece a separarse del corte en cruz. Pase a un tazón con agua y hielos para enfriarlo y retire la piel. Para quitarle las semillas corte el jitomate a la mitad y exprima suavemente cada mitad para retirárselas.

JUGO DE ALMEJAS Líquido colado de las almejas abiertas que posee un refrescante sabor salado. Se vende en la sección de mariscos en las tiendas de alimentos.

MALTA DE LECHE EN POLVO ,Una mezcla de leche en polvo y azúcar de malta que se obtiene de la cebada. Tradicionalmente usada para hacer postres, este polvo se vende en muchas tiendas de alimentos.

MASCARPONE Un queso italiano fresco hecho de crema, con un sabor exquisito y una textura suave y tersa. El mascarpone se vende en recipientes de plástico en la sección de quesos de los mercados italianos y en muchas tiendas de alimentos. Se usa para preparar platillos dulces y salados.

MIRIN Un ingrediente importante de la cocina japonesa, el mirin es un vino dulce para cocinar elaborado al fermentar arroz glutinoso y azúcar. Este vino espeso de color dorado claro proporciona un exquisito sabor y un brillo transparente a muchas salsas, aderezos y platillos cocidos a fuego lento.

MISO Una espesa pasta de sabor fuerte que resulta al fermentar frijoles de soya, trigo o arroz y sal. Los dos tipos de miso más comunes son el miso rojo fuerte (*aka miso*) y el miso blanco (*shiro miso*) más suave. El miso se usa comúnmente como un sazonador en la cocina japonesa y se puede comprar en mercados bien surtidos.

PANCETTA Condimentada y curada pero no ahumada, la pancetta o tocino italiano se prepara frotando un trozo de panza de puerco con una mezcla de especias, enrollándolo para formar un cilindro apretado y curándolo por lo menos durante 2 meses. La pancetta tiene una textura jugosa y sedosa y por lo general se vende en rebanadas delgadas en las salchichonerías y tiendas especializadas en alimentos italianos.

PÁPRIKA HÚNGARA Hecha de pimientos rojos secos molidos, la páprika puede ser dulce, medio dulce o picante y su color varía de un anaranjado rojizo hasta un rojo oscuro. Esta especia se produce en Hungría y España así como en América del Sur y California. Sin embargo, la páprika húngara es considerada la mejor.

PAPA FINGERLING Introducida por primera vez en los mercados por los propios agricultores tratando de ubicarla en el nicho gourmet, estas papas adquirieron su nombre por ser de piel muy fina, densas, enceradas y de forma delgada y larga. Por lo general se sirven asadas con aceite de oliva, sal y hierbas, lo cual resalta su textura suave y cremosa.

PASTA DE HOJALDRE Una pasta ligera que forma hojuelas delgadas, hecha al poner capas intercalando mantequilla y masa de pasta para formar cientos de hojas delgadas y crujientes que se esponjan con la temperatura del horno. La pasta de hojaldre fresca o congelada se puede comprar frecuentemente en panaderías y mercados de prestigio.

PATÉ Típicamente una exquisita mezcla de carne finamente molida, el paté se puede preparar con cualquier tipo de carne o con una combinación de ellas siendo las más comunes la de puerco, ternera y conejo, así como el hígado de pollo y el foie gras. Algunas mezclas son tersas y suaves, otras se hacen con trozos gruesos y rústicos e incluso otras llevan diferentes ingredientes.

PEPINILLOS DULCES Se preparan encurtiendo un pepinillo con piel, finamente rebanado, en una salmuera que contiene cebolla, mostaza, semillas de apio, clavos y cúrcuma endulzada con azúcar.

PIÑÓN Pequeña y pálida semilla de cierta variedad de pinos con un sabor opulento, dulce y ligeramente resinoso. Se usa comúnmente en la cocina del sur de Europa y del Medio Oriente, en las cuales aparece en platillos salados como ensaladas, rellenos y salsas así como en alimentos horneados y postres.

POLENTA Este término se refiere tanto a la harina de maíz cocida en una generosa cantidad de líquido hasta que se espesa y suaviza así como a la harina de maíz molida que se utiliza para hacer este platillo característico de la comida italiana. La polenta puede ser amarilla o blanca y puede ser molida gruesa o finamente. La versión clásica está hecha de maíz amarillo molido grueso.

QUESO FETA Un queso joven tradicionalmente hecho en Grecia, Bulgaria y Córcega (Francia) con leche de oveja y encurtido en salmuera. Apreciado por su agradable sabor salado, por lo general tiene una textura granulosa que, en algunos casos, también puede ser cremosa. Los quesos feta americanos, australianos, daneses y alemanes por lo general están hechos con leche de vaca pero su sabor es muy parecido a los de leche de oveja. El queso feta también se puede hacer con leche de cabra.

QUESO PECORINO ROMANO Un queso italiano hecho con leche de oveja con un agradable sabor salado y una textura granulosa. Se usa principalmente para rallar o rasurar.

RADICCHIO Variedad de achicoria oriunda de Italia que tiene hojas jaspeadas de color morado rojizo las cuales son firmes y ligeramente amargas. El radicchio se puede comer cocido o crudo. Se cultiva en los Estados Unidos y se vende en los mercados de agricultores y en la mayoría de las tiendas de alimentos bien surtidas.

RAÍZ DE APIO Esta raíz llena de nudos de la planta del apio (de la misma familia que los conocidos apios que se venden en los supermercados) se cultiva específicamente para obtener su raíz. La raíz de apio tiene un sabor similar al apio común, aunque más fuerte. Cuando se quita la piel del bulbo de color café, su suave carne de color marfil se puede desmenuzar para hacer ensaladas o cocer y hacer puré. También se llama celeriac.

RAYA Un pescado que data de tiempos antiguos, la raya se pesca en el Océano Atlántico cerca de la región noreste de los Estados Unidos en primavera y otoño. Las aletas proporcionan una carne dulce, pálida y firme que tiene aroma a amoniaco. Para eliminar el mal olor, remoje en agua con un poco de vinagre, jugo de limón agrio o de limón sin semilla.

RUIBARBO Estos tallos de color rosa rojizo parecidos al apio aunque técnicamente son una verdura se usan en pays, tortas y mermeladas. No se puede comer cuando está crudo y tiene un sabor ácido que se transforma cuando se cocina con azúcar. Asegúrese de retirar las hojas antes de utilizarlo pues éstas contienen ácido oxálico y pueden ser tóxicas. El ruibarbo de invernadero se puede conseguir durante todo el año en algunas zonas; el de campo aparece en abril y mayo.

SAKE Aunque se le conoce como vino de arroz japonés, este líquido aromático, seco y transparente con 30° de alcohol se prepara igual que la cerveza. Se usa para cocinar o para acompañar una comida.

TAHINI Una rica y cremosa pasta hecha con semillas de ajonjolí molidas, tiene un ligero sabor a ajonjolí y una suave textura. Se vende en frasco o lata. Después de abrir el recipiente, revuelva bien el Tahini antes de usarlo y refrigere el sobrante hasta por dos meses.

TRUFA Un hongo asombrosamente aromático que crece silvestre en Francia e Italia y muy apreciado por los chefs y conocedores de gastronomía en todo el mundo. El aceite con infusión de trufa es una buena forma de añadir su fragancia cautivadora a las ensaladas, pastas y otros platillos. El aceite de la trufa blanca se produce al infundir aceite de oliva extra virgen con esencia de trufas blancas cosechadas en la zona italiana del Piamonte. El aceite se debe agregar a la comida caliente justo antes de servirla para conservar el sabor de la trufa.

VINAGRE BALSÁMICO El celebre vinagre de Módena, Italia, está hecho al añejar el mosto (jugo de uva sin fermentar) de las uvas trebbiano de 1 a 75 años. Los vinagres más jóvenes se usan en aderezos para ensaladas y glaseados; los vinagres más caros y espesos que se han dejado añejar durante mucho tiempo se usan como un saborizante en pequeñas cantidades. El vinagre balsámico blanco, hecho cuando el mosto de la uva no se ha caramelizado, no dará color a aderezos o salsas. Es muy difícil de encontrar. Búsquelo en tiendas de especialidades gastronómicas o fuentes de ingredientes en línea.

FUENTES DE INGREDIENTES

D'ARTAGNAN
Foie gras del Valle del Río Hudson, paté
(800) 327-8246
www.dartagnan.com

DEAN & DELUCA
Hierbas, especias, aceites, trufas y hongos
(800) 692-3354
www.deandeluca.com

FISCHER BROS. & LESLIE BUTCHER
Carne de res, oveja y pollo kosher así como alimentos gourmet
(212) 787-1715
www.fischerbros.com

GORTON'S FRESH SEAFOOD
Bacalao, almejas, cangrejos de concha suave, langosta Maine, callos de hacha y raya
(800) 335-3674
www.gortonsfreshseafood.com

H&H BAGELS
Bagels de Nueva York
(800) NY-BAGEL
www.hhbagels.com

JUNIOR'S
New York cheesecake
(800) 458-6467
www.juniorscheesecake.com

OLD CHATHAM SHEEPHERDING COMPANY
Quesos artesanales
(800) 743-3760
www.blacksheepcheese.com

2ND AVENUE DELI
Alimentos kosher especializados, pepinillos, pan integral y challah
(800) 692-3354
www.2ndavedeli.com

ÍNDICE

A

Aceite de ajonjolí asiático, 185
Aceite de chile asiático, 185
Acelgas a la crema, 148
Achicoria
    acerca de, 187
    callo de hacha con pancetta, pesto y, 78
    ensalada de endibias y, 82
Aguacate, ensalada de langosta y, 94
Alcachofa Jerusalén
    acerca de, 186
    puré de raíz de apio y, 128
Alioli, cítricos, 82
Alitas Búfalo, 85
Almejas
    acerca de, 185
    casino, 74
    crema de, estilo Manhattan, 93
    jugo, 185
Almejas de concha suave
    acerca de, 187
    con salsa romesco, 132
Anís estrella, 187
Arroz
    Risotto con chícharos, hongos morilla y escalonias, 124

B

Babka, 39
Bagels, 34, 36–37, 39
Baklava, 38
Barat, 62
Bares, 52–55
Batali, Mario, 59
Bellini, 55
Berenjena y chícharos, ziti horneado con salchicha, 136
Betabeles
    borscht de col, res y, 102
    ensalada verde con ejotes queso de cabra y, 97
Bialy, 39
Big Apple martini, 55
Bodegas de vino, 159
Borscht de col, betabel y res, 102
Brócoli rabé
    acerca de, 185
    con ajo asado, 155
Bronx (bebida), 55
Budín de plátano y nuez, 175

C

Café, 46
Calabacitas con almendras tostadas y queso pecorino romano, 152
Calabaza
    butternut, 185
    calabacitas con almendras tostadas y queso pecorino romano, 152
    sopa de calabaza butternut y manzana con salvia frita, 108
Callo de hacha, bay
    acerca de, 187
    con pancetta, achicoria y pesto, 78
Calvados, 185
Camarones con alioli de cítricos y ensalada de achicoria y endibias, 82
Camotes
    pay con crema batida de maple, 183
    pecho de res con ciruelas pasas y, 123
Cannoli, 38
Carne de res
    borscht de col, betabel y, 102
    filete New York con aros de cebolla rebozados con cerveza, 115
    hamburguesas con jalea de cebolla, 139
    huesos de tuétano, 185
    pecho de res con camote y ciruelas pasas, 123
    ziti horneado con salchicha, berenjena y chícharos, 136
Cebollas
    acerca de, 186
    aros de, rebozados con cerveza, 115
    caramelizadas, foie gras salteado con uvas y, 73
    hamburguesas con jalea de, 139
Cerveza
    aros de cebolla rebozados con, 115
    cervecerías, 85
Cervecerías, 85
Ciruelas secas, 186
Citron lemonade, 55
Cocina de Nueva York
    contemporánea, 11-12
    historia de, 9-10
Cocteles, 52-55
Col, betabel y res, borscht de, 102
Colecitas de Bruselas con vinagreta de tocino, 156
Coliflor asada al estilo Sicilia, 160
Comida sencilla, 11
Cosmopolitan, 55
Crema de almejas estilo Manhattan, 93
Crema de mantequilla, vainilla, 179
Crujiente de fresas y ruibarbo con helado de buttermilk, 171
Croissants, 38
Crostini de polenta con hongos chanterelles, 86
Crujiente de fresas y ruibarbo con helado de buttermilk, 171

CH

Challah, 39
Chícharos
    risotto con hongos morilla, escalonias y, 124
    ziti horneado con salchicha, berenjena y, 136
Chiles, 185
Chocolate
    acerca de, 179
    mantecadas con crema de mantequilla a la vainilla, 179
    salsa, semiamargo, 176

D

Donas, 38

E

Endibia belga
    acera de, 185
    ensalada de achicoria y, 82
    ensalada de trufas estilo Waldorf, 101
Ensalada de langosta y aguacate, 94
Ensalada de trufas estilo Waldorf, 101
Ensalada succotash al estilo Long Island, 159
Ensaladas
    ensalada de achicoria y endibias, 82
    ensalada de langosta y aguacate, 94
    ensalada de trufas estilo Waldorf, 101
    ensalada succotash al estilo Long Island, 159
    ensalada verde con betabel, ejotes y queso

de cabra, 97
trozos de lechuga romana con aderezo de queso azul, 105
Escalonias
acerca de, 187
risotto con chícharos, hongos morilla y, 124
Escuelas de cocina, 127
Espaldilla de cordero a las hierbas con ragú de frijoles, 131

F

Falafel, 47
Fideos
chinos de huevo, 185
de los puestos de la calle, 46
sazonados al ajonjolí, 77
Filo
about, 186
rollos de espinaca y queso feta, 70
Foie gras
about, 186
salteado con cebollas caramelizadas y uvas, 73
Frijoles y ejotes
acerca de, 185
ensalada succotash al estilo Long Island, 159
ensalada verde con betabel, ejotes y queso de cabra, 97
ragú de, espaldilla de cordero a las hierbas con, 131
sopa cubana de frijol negro, 98
Frutas, 47, 164-165. *Vea también cada fruta en particular*

G

Gibson, 54
Galletas de azúcar morena, 172
Grand Marnier, 186
Granjas, 151
Gravlax con salsa de eneldo a la mostaza, 81
Greenmarket, 17, 91

H

Hamburguesas con jalea de cebolla, 139
Harissa, 186
Helado
acerca de, 171
de buttermilk, 171
de malta, 176
de moras azules, 172
Hierbas de canónigo, 186

Hígado salteado al chalote con salsa de mostaza, 127
Hinojo
acerca de, 186
papas e hinojo gratinados a los tres quesos, 147
Hongos. *Vea hongos chanterelle, hongos morilla*
Hongos chanterelle
acerca de, 185
crostini de polenta con, 86
Hongos morilla
acerca de, 186
risotto con chícharos, escalonias y hongos, 124
Hot dogs, 46

J

Jardines urbanos, 69
Jitomates
borscht de col, betabel y res, 102
crema de almejas estilo Manhattan, 93
quitando la piel y las semillas, 187
salsa romesco, 132
tartas de jitomate heirloom con queso de cabra, 69
ziti horneado con salchicha, berenjena y chícharos, 136

K

Knish, 39

L

Leche de malta en polvo, 186

M

Maíz
ensalada succotash al estilo Long Island, 159
Manhattan (bebida), 54
Manhattan, crema de almejas estilo, 93
Mantecadas
acerca de, 38
con crema de mantequilla a la vainilla, 179
Mantecadas con crema de mantequilla a la vainilla, 179
Mantequilla, 62
Manzana
acerca de, 109
con compota de membrillo, 119
ensalada de trufas estilo Waldorf, 101
tarta rústica, 180
y calabaza butternut y con salvia frita, 109
Mapa, 30-31

Martini
Matzo
Big Apple, 55
clásico, 54
Mascarpone, 63, 186
Matzo
harina de, 186
sopa de albóndigas de, de pollo, 106
Membrillo
acerca de, 119
al vapor con miel, queso ricotta y pistaches, 168
compota de manzana y, 119
Mercados, 17-18, 97
Mirin, 186
Miso
acerca de, 186
bacalao marinado en, 140
Mojito, 54
Mozzarella
acerca de, 63
ziti horneado con salchicha, berenjena y chícharos, 136

N

Nieve de moras azules, 172
Nieve y helado de moras azules con galletas de azúcar morena, 172

O

Ouray, 62

P

Pan
budín de plátano y nuez, 175
tipos de, 34, 39
Pan de centeno, 39
Panaderías, 34, 38-39
Pancetta
acerca de, 186
callo de hacha con, achicoria y pesto, 78
Papas
e hinojo gratinados a los tres quesos, 147
crema de almejas estilo Manhattan, 93
ensalada succotash al estilo Long Island, 159
fingerling, 187
puré de alcachofa Jerusalén y raíz de apio, 128
Páprika húngara, 186
Pasta. *Vea Fideos; Ziti*
Pasta hojaldrada
acerca de, 187

tartas de jitomate heirloom con queso
   de cabra, 69
Pastel de queso
   acerca de, 167
   estilo Nueva York, 167
   ricotta, 38
Pâté, 186
Pato Long Island con salsa de naranja, 116
Pay de camote con crema batida de maple, 183
Pepinillos, dulces, 186
Pescado
   bacalao marinado en miso, 140
   gravlax con salsa de eneldo a la mostaza, 81
   raya, 187
   raya con mantequilla de mostaza, 135
Pesto, 78
Piñones, 186
Pizza, 48-51
Plátano y nuez, budín de, 175
Polenta
   acerca de, 186
   crostini con hongos chanterelles, 86
Pollo
   alitas Búfalo, 85
   mariposa con puré de alcachofa Jerusalén
      y raíz de apio, 128
   sopa de albóndigas de matzo de, 106
Pretzels, suaves, 47
Profiteroles con helado de malta y salsa de
   chocolate semiamargo, 176
   Puerco braseado en riesling con compota
      de manzana y membrillo, 119
   Puestos de la calle, 44-47

Q

Quark, 63
Queso. *Vea también cada queso en particular*
   fabricantes, 60
   papas e hinojo gratinados a los tres quesos, 147
   variedades de, 36, 62-63, 186
Queso azul
   acerca de, 63
   aderezo de, trozos de lechuga romana con, 105
   salsa de remojo, 85
Queso crema
   bagels con, 36
   pastel de queso al estilo Nueva York, 167
Queso de cabra
   acerca de, 62
   ensalada verde con betabel, ejotes y, 97
   tartas de jitomate heirloom con, 69
Queso de leche de oveja, cruda, 62
Queso feta
   acera de, 186
   rollos de espinaca y, 70
Queso pecorino romano
   acerca de, 186
   calabacitas con almendras tostadas y, 152
Queso ricotta
   acerca de, 62
   membrillos al vapor con miel, pistaches y, 168
   pastel de queso, 38

R

Raíz de apio
   acerca de, 185
   ensalada de trufas estilo Waldorf, 101
   pollo mariposa con puré de alcachofa
      Jerusalén y, 128
Restaurantes
   cenando tarde en, 135
   de carne, 105
   franceses, 12, 147
   historia de, 9-10
   órdenes para llevar, 77
   pioneros de la moda, 11, 56, 59
   por vecindarios, 21-22, 25-29
   queso en los, 60
   tradiciones culinarias europeas en los, 12
   variedades de, 13-14
Risotto con chícharos, hongos morilla y
   escalonias, 124
Rollos
   café y un, 46
   rollos de espinaca y queso feta, 70
Rollos de espinaca y queso feta, 70
Ruibarbo
   acerca de, 187
   crujiente de fresas y, con helado de
      buttermilk, 171

S

Sake, 187
Salchichas
   de los puestos de la calle, 46
   ziti horneado con, berenjena, chícharos y, 136
Salsa romesco, 132
Sofrito, 98
Sopa cubana de frijol negro, 98
Sopas
   borscht de col, betabel y res, 102
   crema de almejas estilo Manhattan, 93
   de los puestos de la calle, 47
   sopa cubana de frijol negro, 98
   sopa de albóndigas de matzo de pollo, 106
   sopa de calabaza butternut y manzana con
      salvia frita, 109
Steakhouses, 105

T

Tahini, 187
Tartas y tartaletas
   jitomate heirloom con queso de cabra, 69
   limón, 38
   manzana, 180
Tartaletas de limón, 38
Ternera
   hígado salteado al chalote con salsa
      de mostaza, 127
   milanesa, 120
   ziti horneado con salchicha, berenjena
      y chícharos, 136
Tiendas de alimentos, 18, 21
Tiendas de especialidades, 40, 43
Touissaint, 63
Trufas, 187

U

Uvas, foie gras salteado con cebollas
   caramelizadas y, 73

V

Vainilla, crema de mantequilla, 179
Vecindarios, 21-22, 25-29
   Verduras. *Vea también cada verdura en particular*
   de temporada, 144-145
   vegetales caramelizados al maple, 151
Vinagre balsámico, 185
Vodka con infusión, 54

Y

Yogurt, 62

Z

Ziti horneado con salchicha, berenjena y
   chícharos, 136

AGRADECIMIENTOS

Carolynn Carreño agradece a su agente, Janis Donnaud. De Weldon-Owen Publishing agradece a Hannah Rahill por haberle dado la oportunidad de trabajar en este proyecto tan desafiante y gratificante y a Kim Goodfriend por su paciencia, aguda visión editorial e impecable retroalimentación, lo cual le fue muy útil para hacer este libro lo mejor posible. Gracias a Christian Albin, Andy Arons, Daniel Boulud, Jimmy Bradley, Bruce y Eric Bromberg, Johs Doherty, Peter Hoffman, Sharon Lebewohl, Stanley Lobel, la familia Maccione, Waldy Malouf, Max McCalman, Rick Moonan, Julian Nicolini, Abram Orwasher, David Page, Bob Ransom, Mary Redding, Marcus Samuelsson, Jon F. Snyder, Bill Telepan, Jonathan Waxman, Eli Zabar y los empleados de Ess-a-Bagel, Murray's Cheese Shop y Lombardi's Pizza por compartir su tiempo y conocimientos para lograr este libro.

Weldon Owen y el equipo de fotografía, incluyendo a Quentin Bacon y George Dolese, quieren extender su agradecimiento a los dueños y empleados de los restaurantes, panaderías, tiendas y otros establecimientos culinarios de Nueva York que participaron en este proyecto: 2nd Ave Deli; 9th Avenue International Market; Artisanal Fromagerie & Bistro; Balthazar; Bar Jamon; Barney Greengrass; Bierkraft; Bill Ribbon Restaurant y el equipo servicial de Blue Ribbon Bakery; Café Angelique; Café Gitane; Cecl-Cela Patisserie; Chocolate Bar; Christian Albin y Julian y el equipo del restaurante Four Seasons; City Bakery; Cupcake Café; Daniel Boulud y el equipo de Daniel y Café Boulud; DiPalo's Italian Deli; The Donut Plant; Ear Inn; Eli Zabar y el equipo de Vinegar Factory, E.A.T., y Eli's Bread; Ess-a-Bagel; Faicco's (Italian Deli); Felix; Ferrara Gelati; Fischer Brothers & Leslie; Florent; Giorgione; Gramercy Tavern; Grand Central Market; Grimaldi's Pizza; Hallo Berlin Sausages; Havana-Chelsea Restaurant; Jacques Torres Chocolates; Jean-Georges Vongerichten y el equipo de Jean Georges; Jimmy Bradley del Red Cat; John Doherty de Oscar's American Brasserie en el Waldorf-Astoria; John's Pizza, Jon F. Snyder de Il Laboratorio di Gelato; Jonathan Waxman y el equipo de Barbuto; Junior's; Katz's Delicatessen; Kelly y Ping Noodle Shop; Kossar's Bialys; Luna Restaurant; la familia Maccione de Ostería del Circo y Le Cirque 2000; Mario Batali y el equipo del Baboo, Lupa y Otto Enoteca; Marcus Samuelsson del Aquavit; Mary Redding y el equipo de Mary's Fish Camp; Meet Café; Moishe's Second Avenue Home Made Bakery; Moshe's Falafel; Nobu; Once Upon A Tart…; The Palm Steakhouse; Pastis; Peter Hoffman del Savoy Restaurant; Peter Luger's; Poseidon Greek Bakery; Relish; Rick Moonen de RM Restaurant; Schiller's Liquor Bar; el mercado de pescado Sea Breeze; Smith & Wollensky; Sylvia's Restaurant; Michael Romano del Union Square Café; Union Square Greenmarket; Veselka Coffee Shop; tienda de vinos Vintage New York; Waldy Malouf de Beacon Restaurant; y Yonah Schimmel's Knishery. Un agradecimiento especial al equipo de Murray's Cheese Shop, quienes hicieron hasta lo imposible para reunir deliciosos quesos artesanales de la región. El equipo también quiere agradecer al restaurante Foreign Cinema y al Universal Café de San Francisco, California.

Weldon Owen también quiere agradecer a las siguientes personas por su amable ayuda: Dresne Ahlers, Ken DellaPenta, Harriet Docker, Judith Dunham, Jean-Blaise Hall, Nigel James, Ashley Johnson, Denise Santoro Lincoln, Louise Mackaness, Andrea Meyer, Paul Moore, Joan Olson y Leon Yu.

CRÉDITOS FOTOGRÁFICOS

Quentin Bacon: todas las fotografías, con excepción de las siguientes:
Paul Moore: Portada (inferior)
© PictureNet/CORBIS: Portada (superior)
Bruce Stoddard/Getty Images: Solapas interiores

LOCACIONES FOTOGRÁFICAS

Las siguientes locaciones de Nueva York se han marcado en el mapa de las páginas 30-31.

PÁGINA	UBICACIÓN (COORDENADAS DEL MAPA)
2	Corrado Bread & Pastry (E5)
4	Daniel Boulud at Daniel (F5)
6	Times Square (G4)
8	Daniel (F5)
9	Central Park (B4–F4)
11	(superior) Jean Georges (F4)
13	(inferior) Barbuto (J3)
14	Otto Enoteca Pizzeria (J4)
15	Bar Jamon (I5)
17	(superior) Vinegar Factory (D6)
19	Manhattan Fruit Exchange (J3)
20	Little Italy (L5)
23	Kossar's Bialys (L6)
24	Pastis (J3)
26	Barney Greengrass (D3)
27	(bottom) Central Park (B4–F4)
28	(izquierda) Sylvia's (A4); (derecha) Puente de Brooklyn (M6)
36	Ess-a-Bagel (I6)
42	DiPalo's (K5)
49	(superior) Grimaldi's Pizzeria (Brooklyn)
50	Grimaldi's Pizzeria (Brooklyn)
53	(superior) Four Seasons Restaurant Bar (G5); (inferior derecha) Schiller's Liquor Bar (K6)
57	(superior) Daniel (F5); (inferior central) Jean Georges (F4)
58	Otto Enoteca Pizzeria (J4)
59	(superior) Babbo (J4); (inferior) Otto Enoteca Pizzeria (J4)
61	Artisanal (H5)
64	Schiller's Liquor Bar (K6)
67	(superior izquierda) Jonathan Waxman, Barbuto (J3)
69	Eli Zabar, Vinegar Factory (D6)
79	Barbuto (J3)
87	Giorgione (K4)
93	E.A.T. Café (D5)
110	Jean-Georges Vongerichten at Jean Georges (F4)
116	Four Seasons Restaurant (G5)
118	Savoy (K5)
126	Daniel (F5)
133	Union Square Café (J5)
139	Mary's Fish Camp (J4)
141	Nobu (L4)
142	DiPalo's (K5)
149	Palm Steakhouse (G5)
161	Jean Georges (F4)
162	Café Angelique (K5)
168	Biercraft (Brooklyn)
178	Cupcake Café (H3)

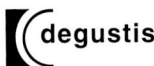

DEGUSTIS

Es un sello editorial de
Advanced Marketig, S. de R.L. de C.V.
Calzada San Francisco Cuautlalpan No. 102 Bodega "D"
Col. Cuautlalpan, Naucalpan de Juárez Edo. México,
C.P 53569, México

WILLIAMS-SONOMA, INC.

Fundador y Vice-presidente Chuck Williams

SERIE "LOS ALIMENTOS DEL MUNDO"

Ideado y producido por Weldon Owen Inc.
814 Montgomery Street, San Francisco, CA 94133
Teléfono: 415-291-0100 Fax: 415-291-8841

Una producción de Weldon Owen

Derechos registrados © 2005 por Weldon Owen Inc.
y Williams - Sonoma, Inc.

Derechos reservados, incluyendo el derecho de reproducción
total o parcial en cualquier forma.

Primera impresión en 2005
10 9 8 7 6 5 4 3 2 1

ISBN 970-718-351-9

Impreso por Tien Wah Press
Impreso en Singapore

WELDON OWEN INC.

Presidente Ejecutivo John Owen
Presidente y Jefe de Operaciones Terry Newell
Vicepresidente, Ventas Internacionales Stuart Laurence
Director de Creatividad Gaye Allen
Publicista Hannah Rahill
Director Richard Van Oosterhout

Editor de Serie Kim Goodfriend
Editor Auxiliar Juli Vendzules

Director de Arte Nicky Collings
Diseñadores Alison Fenton, Rachel Lopez

Director de Producción Chris Hemesath
Especialista en Color Teri Bell
Coordinador de Producción y Envíos Todd Rechner

Estilista de Alimentos George Dolese
Estilista de Alimentos Asociado Elisabet der Nederlanden
Estilista de Props Marina Malchin, Laura Ferguson
Asistente de Fotografía Amy Sims, Brooke Buchanan
Ilustrador de Mapas Bart Wright

JACKET IMAGES

Portada: Rascacielos de Manhattan; Filete New York,
página 114, con Acelgas a la Crema, 148.
Contraportada: bagels de Ess-a Bagel; Chef en el
Barbuto; Tartas de Jitomate Heirloom con Queso de
Cabra, página 69. Solapa anterior: calle de Nueva
York. Solapa posterior: anuncio en Kossar's Bialys.

UNA NOTA SOBRE PESOS Y MEDIDAS

Todas las recetas incluyen medidas acostumbradas
en los Estados Unidos y medidas del sistema métrico.
Las conversiones métricas se basan en normas
desarrolladas para estos libros y han sido
aproximadas.
El peso real puede variar.